# 高效学习，从来都不靠熬

time刚刚好◎著

陕西新华出版
陕西科学技术出版社
Shaanxi Science and Technology Press
西安

自律的人利用习惯的力量做事，懒惰的人利用意志力做事。这就是两者的区别所在。

# ○● PREFACE ○序　言●○○

大学毕业之后的一段时间，我迷恋上了摄影，不仅花了好几个月的工资购置了单反和镜头，还买了一堆摄影教材，立志要通过自学成为摄影高手。这样，我不仅能将兴趣变成特长，还能将其发展成副业，靠拍照来赚外快。运气好的话，我没准还能成立一间摄影工作室，体验一下当老板的感觉。

看似一举多得的计划往往都会被现实浇上一盆冷水。

起初的几天计划进展得还算顺利。下班后，我都能耐着性子一边看书一边端着单反按来按去，还时不时在本子上记录要点；可时间一长我就受不了了，总感觉学习的效果配不上自己的努力。满脑子只有一个想法："到底什么时候才能学会拍照，才能靠它赚钱呢？”

怀疑会带来焦虑，焦虑会引发恐惧，恐惧会造成内耗，内耗又会导致懒惰、拖延、放弃等逃避现实的行为。很多时候，三天打鱼两天晒网并非因为自己懒惰，而可能是深陷内耗无法自拔的自保之举。

就这样，我磕磕绊绊地看完了整本摄影教材，背会了所有公式，连笔记都摘抄了厚厚一本。但令我倍受打击的是：当我捧着昂贵的单反外出拍照时，大脑依旧一片空白——不会构图，不知道如何调节参数，也懒得去思考，只能在A+模式下过过瘾。然后自我安慰地感叹一句：“单反拍出来的照片确实比手机清楚！”

我在学习摄影时态度看上去很认真，看书也很刻苦，记笔记也没偷懒，但为什么我还是没能学会摄影呢？

我的这段自学经历揭示了很多成年人在学习上存在的问题。比如：将综合学习能力弱化为死记硬背。自以为学习就是看书、记笔记、背诵、刷题“一条龙”，不管学习什么知识，都希望有整块的时间让自己背诵重点，否则就会迷茫，不知所措。

将注意力高度集中的认知训练变成了看书。觉得只要学习了，就会有效果，于是急吼吼地捧着书在那里勾勾画画，却不知为何而学、应该学什么、应该如何学。时间一长心里自然会不平衡，觉得自己付出了那么多却收效甚微，这又给了低质低效的学习致命一击。

以为背会某个概念、做对某道习题就代表自己掌握了该知识点。通过背诵也许能够应付考试，但成年人所面临的工作、生活中的问题并没有标准答案，更不会有老师帮你划重点。这就要求我们要着重提升深度思考和及时复盘的能力，从对概念的一知半解升级为对其底层逻辑的剖析、总结，尽量减少“自认为很懂”的错觉。

做任何事都急于求成，一旦出现焦虑情绪又会沉迷于短期快感无法自拔。不得不承认，手机对我们工作、学习和生活的干扰越来越强，它不仅将时间变得支离破碎，更在无形中侵蚀着我们的专注力。刚打开书准备学习，余光看到手机弹出了一条消息，结果拿起来一看就是半个小时，从一个手机软件切换到另一个手机软件，从此再也不用苦恼时间都去哪儿了，因为答案肯定和手机有关。想要达到目标就必须持续付出，可已经深度依赖短期快感的我们习惯了看按秒计时的视频、读无需进行任何思考的文章，做任何事都要求立刻见效。愿望清单越来越长，目标越来越大，但我们那点可怜的专注力却根本无法支撑起自己的野心。

只知道死磕细节，却忽略了知识体系的重要性。很多人学习时一上来就背诵知识点，细抠每个字眼，生怕错过任何考点。最后学来学去，所学的知识点就像一盘散沙，不成体系。

学习时疏于内容输出，不敢运用知识解决问题。很多人在学习上有“输出困难症”，总感觉自己背诵得还不够熟练，掌握得还不够全面，还无法使用这些知识解决实际问题，导致学习一直在纸上谈兵，理论和实际完全脱节。就好比我当初学摄影，参数调节的技巧背诵得很熟练，但到了实拍环节依旧是一头雾水。忽视了用实战解决问题的重要性，也是导致我们学习低效的重要原因。

不懂就问，懒得思考，懒得独立解决问题。不懂就问未必是个好习惯。一遇到问题就求助别人，会养成思维的惰性，如若没有人引导或指点，就会陷入迷茫，无从下手。没有独立解决问题的能力，没有独自探索的好奇心，更没有勇于试错的胆量，长此以往，个人能力得不到提升，只能听人吩咐办事。

既然造成学习低效的问题如此之多，那么我们该如何一一解决，提高学习效率呢?

有很多人是持天赋论的悲观派，认为天生聪明的人不用任何方法就能拥有让人羡慕的学习成绩；生而普通的人掌握再多技巧也无济于事，照样学得很吃力。

这就是典型的固化思维。他们固执地认为，有天赋的人做事不需要任何努力，需要努力就代表没有天赋，努力也是白费。为何他们对努力如此反感呢？因为在他们看来，努力是有很高风险的，一旦付出之后并未如愿，这种打击是难以承受的。他们并不认为这是一次单纯的失败，而是会将其上升为彻底的自我否定，以及对个人能力和未来的终极审判。但若让自己相信天赋论的观点，就能让自己在面对失败的时候拥有一个自我安慰的借口："如果我找到了自己的天赋所在，我也能不费吹灰之力地取得成功。"

如若纵容自己活在这种自我安慰之中，一直寻找自己的天赋，却懒得努力，不敢面对失败，这样的人生未免也太被动、太憋屈了。

在我看来，我们可以欣赏天赋，但更应该崇尚努力。我们可以犯错，可以失败。失败不是对个人和未来的否定，相反，它是一次绝佳的学习机会。事实上，我们的能力并不是一成不变的，而是可以通过持续的努力来提高，学习能力也是如此。

在本书中，我将从三个方面系统地讲解普通人该如何有效提升自己的学习能力，它们分别是：①如何培养自己的意志力、执行力和专注力；②如何让自己从死记硬背转变为过目不忘、融会贯通；③如何在生活中锻炼自己深度思考的能力。

学习的本质就是对认知能力的训练。这种训练是一个循序渐进的过程——从意志力、专注力到记忆力，从理解、归纳总结到应用，从深度思考到表达……在刻意练习中使用的学习技巧需要根据个人情况来选择，不能盲目跟风，也不能急于求成，否则很有可能事倍功半。

本书中，我将按照认知训练的顺序，用三个章节的篇幅详细分享自己多年来在学习能力提升方面的经验和心得，每一章都讲解了很多实用的训练方法。我诚恳地建议正在阅读本书的你能够在平时多多练习。要知道，学习方法从来不是看懂就行，而是需要在不断的“练习—受挫—总结—调整—再练习”的循环中一步步汲取营养，从陌生到熟练，从不得要领到融会贯通。

我们正身处一个充满诱惑同时又充满机遇的时代，这对学习来说是幸运也是不幸：幸运的地方在于我们可以足不出户，依靠互联网就能找到各种各样的学习资源；不幸的地方在于手机和互联网会在无形中吞噬我们宝贵的时间和注意力，稍有不慎，我们就可能沉迷于短期快感无法自拔，最后落得个穷忙、没耐心、懒惰、低效的下场。

我在书中分享的方法和技巧并非完美，请不要觉得只读一遍就能立刻心领神会，看书刷题就能立刻变得毫不费力。你的执行力必须配得上自己的野心。我们之所以要升级学习方法，不是为了急功近利，也不是为了坐享其成，而是为了帮自己的努力找对方向，原本应该花费的时间和精力一样都不能少。

希望你在这本书中能够学到你所需要的东西，更希望它们能够在你的脑海中触发新的灵感，让你的生活获得鼓舞人心的改变——那将是对我最大的激励。

## ○● CONTENTS ○目　录●○○

## 第二章 适合普通人的记忆力提升术

## 第三章
## 提高深度思考能力，才能让学习变得高效

第 一 章
CHAPTER ONE

# 没有自控力，就别谈高效学习

## 第一节 人是如何一步步走向颓废的

人是如何在不知不觉中走向颓废的呢？不同的人心里也许会有不同的答案。比如：懒惰、重度拖延症、沉溺于幻想、逃避问题、拒绝学习和深度思考、熬夜、痴迷于游戏、无节制地消费、暴饮暴食、酗酒、赌博、吸毒，等等。答案多种多样，看起来似乎每一个都很有道理。怪不得大家经常调侃：“一个人想要成功很难，但想要成为废柴却非常容易。”其实，简单观察一下你就会发现，上述的众多答案都有一个共同点，即沉溺于短期快感无法自拔。

什么是短期快感呢？顾名思义，是指那些在短时间内就能获得的快感和回报。它们的特点是行动成本低廉，反馈周期短，持续的时间非常短暂，行动一旦停止，愉悦感就会立刻消退。如果你想延续这种快感，就必须一直行动。

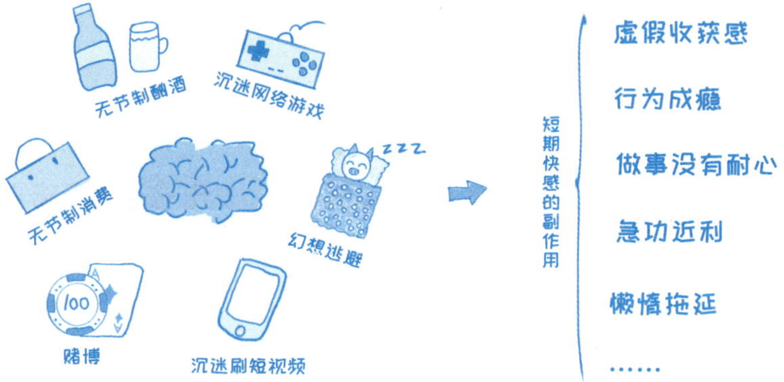


就拿刷短视频这件事来说吧。网络上有个段子是这样说的：“如果你每天坚持早睡早起、努力工作、健身阅读、不刷短视频、不看网络小说，很快你就会发现自己和周围的人格格不入，他们还会将你视为异类。”这虽然是调侃，但也是事实。观察一下自己和身边的人，你会发现，除了工作、睡觉、吃饭，我们大多数时间都在与手机为伴，必须时不时地拿起手机看一下，否则就会觉得无所适从。

刷短视频就是典型的获取短期快感的行为。这种获取快感的方式非常简单，打开一个搞笑视频，30秒之内就能把你逗得哈哈大笑，可一旦停止，这种快感就会迅速消退，你会觉得意犹未尽，甚至百无聊赖。于是，为了延续这种快感，你很可能会选择继续看下去，花费更多的时间在这件事情上。甚至在你原本需要睡觉、认真工作或学习的时间里，它依旧抢占着你的注意力，让你熬夜、注意力不集中。等到发现问题的严重性时，你早已将这个行为养成了习惯，甚至已经上瘾。短期快感可以让你在当下感觉很开心，但却没有任何价值，也无法给你带来实质性的收获。你即便是看了自认为很有价值的干货内容，也不会有耐心认真思考，只会麻木地机械式地收藏，并安慰自己以后会好好研究。可我们都知道，那一天可能永远都不会到来。

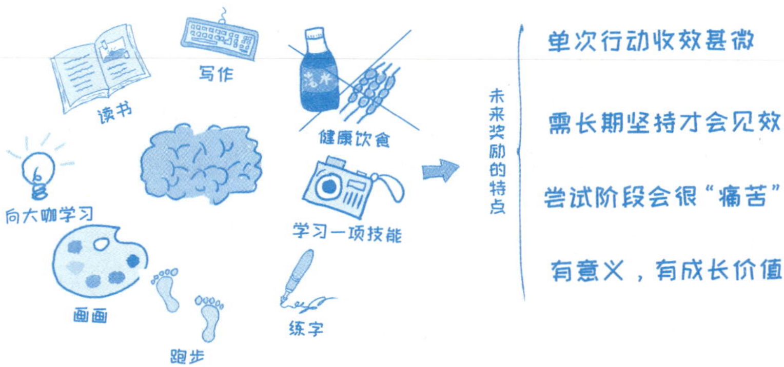


事实上，越有意义的事情反馈周期越长，越需要长期的坚持、积累和等待，比如阅读、写作、早睡早起、健康饮食等。当你做这些事情时甚至很难感到愉悦，而且仅仅做几次是很难得到显著回报的，只有长时间坚持，一点一滴地累积，最终才能收获惊喜，我们可以称之为“未来奖励”。

但当我们沉溺于短期快感时，恰恰是在让其腐蚀自己坚持积累、耐心等待的能力。它就像糖衣炮弹，一边为你营造出一种“我很快乐，我已经收获满满”的假象麻醉着你的神经，另一边却在悄无声息地偷走你大把的时间，蚕食着你的意志力，让你懒得自律、懒得等待、懒得思考未来！

现在，回过头再想想我在一开始提出的问题吧——人是如何在不知不觉中走向颓废的呢？答案就在“短期快感”和“未来奖励”中。

我们的大脑中有两个“小人”，一个叫“冲动小人”，另一个叫“理性小人”。这两个“小人”每天都在激烈地对抗着。

当你看到最新款的手机时，“冲动小人”会叫嚣着说：“天呐，主人，快买它，买它！一点都不贵，你可以分期付款，这是最新款哟！买了这部手机，你就可以拍照炫耀，同学、朋友都会羡慕你的，你就是街上最靓的仔！”当你很生气时，“冲动小人”会告诉你：“发泄吧，说脏话吧，把你的愤怒全都释放出来吧！这样你就会痛快许多。”当你想要玩游戏时，“冲动小人”会告诉你：“想玩多久就玩多久，玩游戏会很开心、很刺激哟！你还可以把战绩发到朋友圈，让朋友们也见识一下你的厉害。至于学习和工作，先不用管它们，明天再说吧！”当你为自己的未来感到焦虑时，“冲动小人”会告诉你：“花钱吧，吃甜品吧，好好犒劳犒劳自己，或是来场酩酊大醉！人生苦短，今朝有酒今朝醉，明日愁来明日愁，及时行乐最要紧！”

可以看出，“冲动小人”很会讨人喜欢。它最大的优势就是不仅对意志力损耗极小，而且很擅长取悦大脑，只顾眼前开心，从不考虑后果。但你要知道，一切顺应人性本能的事物都极有可能是“陷阱”，而为自己的纵容与冲动买单的，永远只有自己。

“理性小人”却大不相同。它会理智、冷静地拆穿你的谎言与借口，说的都是逆耳忠言，从不献媚取悦。

当你想冲动消费为虚荣买单时，“理性小人”会提醒你信用卡透支金额已经很高了，这次购物完全没有必要。当你想肆意发脾气，释放负能量时，“理性小人”会告诉你应该先让自己冷静下来，控制好自己的情绪再去思考问题。当你想熬夜玩游戏时，“理性小人”会告诉你月底还有一场重要的考试，还会顺便提醒你考虑一下自己的发际线。当你心情压抑，对未来迷茫、恐惧时，“理性小人”会告诉你“闲人愁多，懒人事多”，越逃避问题越大，克服焦虑最好的方法就是立刻开始行动。

我们内心知道“理性小人”是对的，但在情感上却更喜欢“冲动小人”。正因如此，要想“理性小人”正常工作，就必须要有充足的意志力供给。所谓自律，无非就是认清这两个自我，不一味地纵容“冲动小人”，并想方设法节省和补充意志力，让“理性小人”能够正常工作。

沉溺于短期快感，懒于持续努力是一件很危险的事情。或许短期内你察觉不到会对自己有多大害处，这样的生活方式甚至会让你有一种“我现在过得很开心、很精彩、很充实”的错觉，但如果任由自己被“冲动小人”摆布，只愿意用最简单、最快速、最直接的方式获得快感，不愿意或者无法静下心来，没有耐心长期投入时间和精力去做一件有意义的事情，那么你很有可能会一事无成。

“理性小人”和“冲动小人”在大脑中“辩论打架”的故事并非我杜撰的。《棉花糖实验》一书中就讲到了人脑中有两个紧密相连且相互作用的系统，它们分别是“热情绪系统”和“冷认知系统”[1]。

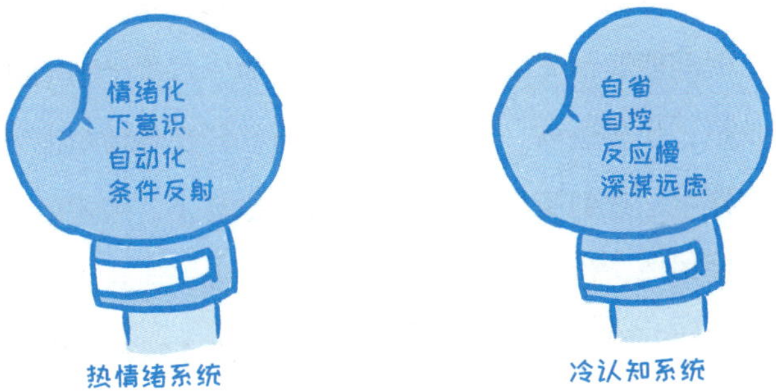


大脑边缘系统是人脑中较为原始的部分，它位于脑干的上方，大脑皮层的下方，人类的生存本能、欲望、情绪、快感、成瘾等都由这个区域控制，正是它维持着热情绪系统。

热情绪系统的特点是情绪化的、自动的、下意识的、条件反射性的，该系统一旦被唤醒，就会本能地做出即时反应。换句话说，热情绪系统只专注于当下，并不在乎这样做会带来哪些后果。

比如，当你夜深人静时看着短视频中的主播吃着热气腾腾的火锅，原本并不饿的你还是会不由自主地感觉胃里空空如也，嘴里的唾液开始疯狂分泌，你对火锅的渴望越来越强烈，直到点了外卖才

[1] 沃尔特·米歇尔．棉花糖实验[M]．任俊，闫欢，译．北京：北京联合出版公司，2016.

感觉好了一些。即使你知道自己在减肥，知道深夜吃这种油腻、辛辣的食物有害健康。

又如，领导通知你下周一之前要把项目资料整理好，做成报告交给他。时间明明很充裕，可你就是不想做，每次坐到电脑前就会感到很抗拒，想要逃离。于是你拿起手机徜徉在各种短视频、网络爽文的海洋中，直到周日晚上实在没办法拖延了，你才坐下来赶项目报告。渐渐地，你养成了习惯，一有任务或一遇到压力就会条件反射地做出“逃跑”反应，等到不得不面对时才硬着头皮去解决。

看到想要的就必须马上得到，遇到让人痛苦、害怕的事情就迅速逃离，心情不好就不顾一切地胡乱发泄，这些行为都是热情绪系统作用下的结果。

与热情绪系统相对应的是冷认知系统，它位于大脑前额皮层的中心位置。大脑前额皮层的主要作用是帮助我们控制自己的行为，进行创造性思考。为什么人类的认知水平远超其他生物呢？原因之一就是人脑中前额皮层所占的比例更大。

冷认知系统的运作是需要消耗意志力的，是自省的、自控的，反应速度也比热情绪系统慢得多，它不会被眼前的利益所迷惑，清醒且理性，时刻深谋远虑，会根据目标提醒你应该采取哪些行动，拒绝哪些诱惑。

比如，当你吃饱喝足拿着手机躺在床上时，你感到心满意足，岁月静好，可冷认知系统却向你发出了信号，告诉你这样不利于消化，还会提醒你月初制定的“每天背诵20个英语单词”的计划还没完成，此刻你应该利用闲暇时间去背单词，而不是将时间浪费在玩手机上。

由此可以看出，冷认知系统就是我在前面提到的“理性小人”，而热情绪系统就是“冲动小人”。每当你在诱惑和理智之间徘徊不定，就是因为这两个系统在你的大脑中激烈对抗。可能有人会问：“本书不是讲如何高效学习吗？怎么一直在讲‘两个小人’呢？高效学习和沉溺于短期快感似乎没有什么关系呀！”

别着急！我先卖个关子。让我们带着这个问题进入下一节，读完之后你就知道答案了。

## 第二节　短期快感成瘾是学习最大的敌人

在我看来，沉溺于短期快感是阻碍高效学习的第一道关卡，也是最大的障碍。为什么呢？我想问大家两个问题：如何让自己过得更好？是否存在一个适用于所有人的万能方法呢？

我心目中的答案只有两个字——学习！学习是让自己突破瓶颈、走出困境、越过越好的最有效，也是最根本的途径。这个世界上很少有绝对公平的事情，但在学习面前人人平等。只要你肯学习，就一定会有所进步。诚然，每个人的天赋、能力都不一样，有的人学得快，有的人学得慢，这很正常。但只要你肯学习，就一定会比过去的自己更优秀。

即便你已经步入社会，只要你愿意学习，你就可以参加各种考试，提升学历、工作技能和职场竞争力，让自己在职场中越来越吃香。除此之外，不管是重新学习一项新的技能还是培养一个新的兴趣爱好，线上线下都有各种各样的学习资源可供选择。在这个互联网高速发展的时代，获取学习资源要比过去简单、容易得多。

道理大家都懂，可大多数人却并不愿意这样做。他们宁愿在工作中受苦，在生活中受穷，站在原地一个劲地怨天尤人，然后把自己当前的困境归咎于社会、原生家庭或是某种不公平的现象，也不愿意坐在书桌前背书、刷题，吃学习的苦。

曾经有位读者给我发了一条很长的私信，他说自己之所以活成现在这个样子，不是因为自己不努力，而是因为社会资源分配不均，他再努力也比不上别人有一个有钱的爸爸。他说自己的父母都是普通工人，家庭条件不好，上学时没钱补课，成绩一般，没有考上大学，而那些家庭条件富裕的同学都会请家教，或是上校外培训班。即便是只考上大专的同学，也都在父母的帮助下找到了工作，买了房子、车子，结了婚，小日子过得有滋有味。只有他，因为父母没有人脉，没有办法帮他找工作，导致他现在三十多岁了还在给别人打工，连房子都买不起，没有女孩愿意和他结婚。他还在私信中传达了一个很重要的观点，他认为即便自己现在想要学习，也没有那个条件，因为他没有时间。每天早早出门上班，晚上回家天都黑了，筋疲力尽，只想玩手机放松。如果再让他学习，他会觉得这样的日子也太没意思了，生活已经那么苦了，为什么还要自己找罪受呢？

2017年，北京市高考状元熊轩昂在接受媒体采访时的一段话在当时引发了热议。他说："农村地区的孩子越来越难考上好学校。你像我这种属于中产阶级家庭的（孩子），衣食无忧的，而且家长也都是知识分子，而且还生在北京这种大城市，所以在教育资源上享受这种得天独厚的条件，是很多外地的孩子或者农村的孩子完全享受不到的……我父母是外交官，怎么说呢，（他们）从小就是给我营造一种很好的家庭氛围，包括对我这种学习习惯、性格上的培养，都是潜移默化的。"

我有一个朋友当年高考考上了一所"末流"211大学，他的成绩和那些考入清华大学、北京大学的学霸相比可能不值一提，但在他生活的十八线小城镇里，这也是一件很值得骄傲的事情了。他曾对我说，他觉得自己之所以能够考上大学，很大程度上是因为父母当初的一个决定。他小学成绩很差，亲戚朋友都劝他父母让他随便上所中学，以后学点技术就行。可他父母并没有这样做，而是拿出家里仅有的积蓄，把他送到了县里一所不错的中学。父母送他去学校报到时对他说："儿子，这是爸妈能让你上的最好的学校了，只要你肯念书，爸妈砸锅卖铁也会供你，但希望你能够珍惜，别留下遗憾。"

进了这所学校之后，他发现身边的同学上课都很专心，自习课也是静悄悄的，如果自己不学习，反而会成为异类。再加上父母花了那么多钱供他念书，这让他非常感动。于是他发奋读书，成绩从班级倒数第一上升到名列前茅。如果不是他父母当初拼尽全力让他上了县里较好的初中，他可能早就步入社会了。

不得不承认，目前的教育资源分配的确不均衡。生活在大城市的孩子可选择的教育资源更为丰富，而那些生活在小城市或是偏远农村的孩子的教育资源则明显少了许多。同样，原生家庭的经济条件也会影响孩子所能接受的教育质量。有条件的家庭可以给孩子营造更好的学习环境，找更好的老师，相比其他孩子，他们的确可以在学习方面拥有更多助力，而那些普通家庭的父母往往为了生计疲于奔命，陪伴孩子的时间也较少，他们能为孩子提供的教育资源也极其有限。

当物质条件不尽如人意时，想要通过学习来改变命运的确更艰难。美国政治活动家芭芭拉·艾伦瑞克为了寻找底层贫穷的真相，在1998年开始了一场特别的“卧底”实验。她拿着1000美元，停止和之前朋友的一切来往，隐瞒了自己的身份，来到不同的城市，只为体验一下美国底层人民的真实生活。

原本拥有生物学博士学位的她还是一名畅销书作家，收入可观。而为了保证这次实验的客观性，她之前所学的知识、技能都不能使用。实验开始前，她认为自己通过努力一定能越过越好。可当她深入体验之后才发现，当一个人处于低薪阶层时，努力工作的收入只够维持基本生活，想要改善生活，就会感觉力不从心，因为此时的自己已经陷入了“穷忙”的怪圈之中。

一开始，芭芭拉在基韦斯特找了一份在餐厅做服务员的工作，每月能赚1039美元。为了省钱，她租住在距离基韦斯特48.3千米外的高速公路边的房子，单向车程需要45分钟，房租为500美元。省钱的代价就是她要比别人起得更早才能不迟到。忙碌了一天，下班回到家天已经黑透了，身心俱疲的她已经没有精力再拿起书本继续学习。即便如此，她每月的薪水在扣除餐饮、话费、交通等开支后只剩下22美元，这还不包含那些因生病、意外等造成的额外开销。

后来她决定搬到离工作地点更近的地方，这样就能缩短通勤时间。于是她在市区找了一家拖车旅馆，租金为625美元。这样一来，通勤时间的确缩短了，可仅凭她原来的薪资根本无法应付日常的生活开销，她不得不再找一份兼职，忙碌一天之后，她更加没有精力再去学习，如此就进入了一个“死循环”。时间一长，人也就变得麻木，最终不甘不愿地接受了现状。

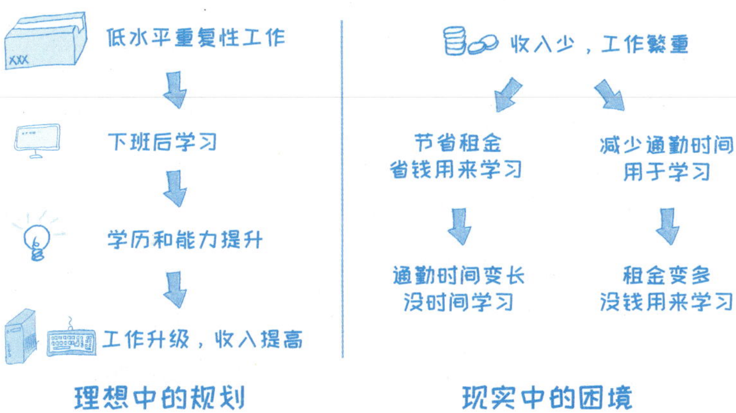


我想，芭芭拉的经历很多人都有共鸣，虽然她工作很努力，但因为从事的一直是廉价的体力劳动，本身的发展很受限制。要想摆脱这种低薪的困境，她就必须通过学习让自己掌握更多的知识和技能，而这需要时间、意志力和金钱。看似并不严苛的条件，在具体实施时却很难两全。要么是为了省钱浪费了时间，要么是节省了时间却又多花了钱，这就是现实存在的问题。当一个人有了相对较好的经济条件时，他通过学习来提升自己就变得相对容易。但当一个人本身经济条件不佳，大部分时间和精力都用来维持生计时，要想学习就会变得有心无力。

难道我们真的只能被动屈服于外在的经济条件，将自己越过越差的原因全都归咎于它吗？我之前看过一档旅行节目《地球之极·侣行》，主持人张昕宇和梁红前往海地，那里的穷困超出了我的想象。因为国土面积很小，且百分之七十五都是山地，加上水土流失严重，耕种业发展受限。海地的一项主要经济来源是捕鱼业，但捕鱼基本被企业和个人垄断，这就导致很多海地人没有工作，为了生存，他们只能做点小生意。即便是在海地的首都太子港，也随处可见低矮的棚屋、脏乱的街道，空气中散发着臭味。在当地，人们很喜欢买一种叫“泥饼干”的零食。泥饼干的制作方法是用水把土和成泥，接着简单筛一遍，加一点盐和黄油，然后把和好的泥用手捧着，一点点抹在一张破旧的塑料布上，最后放到太阳底下晒干成形，很多当地人都是一桶一桶地买来充饥。在这里，很多小孩因为贫困辍学在家，没有知识的他们只能从事体力劳动，导致下一代依旧生活在没有希望的环境当中，无法改变自己穷困的命运。

让我印象深刻的是这期节目中的一位当地向导。他家非常贫穷，父母都是文盲。但在他小时候有人曾对他说：“好好学习，学会了英语就能赚到钱。”于是，为了改变命运，他通过背电影台词、学英文歌曲等方式疯狂地自学英语。现在的他有着不错的工作，且收入可观。他给张昕宇当翻译，一天的酬劳是200美元，相当于一个当地人五年的收入。他在节目中对当地的孩子们说：“一定要一直学习，一直学习，这样你的生活就会变好。”

这是一个典型的靠学习改变命运的例子。这位向导所处的生活环境比我们绝大多数人都要恶劣得多，他比我们更有资格埋怨命运的不公。如果他屈服于现状，像周围人那样只是一味地抱怨，就不可能过上现在的生活。诚然，贫穷限制了他的学习条件，但他并没有因此屈服，而是尽自己所能，找到一切可以利用的资源去学习。这期视频的弹幕几乎都在重复着一句话：知识真的能够改变一个人的命运！

1967年，美国著名心理学家马丁·塞利格曼在研究动物时发现了一个令人诧异的现象。他将狗关进笼子中，每当蜂鸣器响起，就会对狗进行几秒钟的电击。此时，狗会变得惊恐不安，一直在笼子里跳来跳去，试图逃离以躲避电击。电击停止后，被惊吓的狗立刻趴下，疲惫不堪。这样重复几次之后，被折腾到绝望的狗无助地趴在笼子里，当蜂鸣器再次响起，电击来临，狗没有了任何反抗和躲避行为，只是一味地蜷缩在笼子里，颤抖地忍受着电击，甚至不等电击开始就先开始颤抖和呻吟。最后，实验人员将笼门打开，狗只要轻轻一跃就能逃离这种痛苦，可即便如此，那只狗却依旧趴着，绝望地呻吟着，不再反抗。

马丁·塞利格曼由此提出了习得性无助这一概念。它是指因重复的失败或惩罚而造成的任凭摆布的行为，或是通过学习形成的一种对现实感到无望、无可奈何的行为或心理状态[1]。

如果说在封闭的笼中，狗无法逃离，只能被动接受电击，可为什么当实验人员将笼门打开，它却依旧无动于衷，选择继续留在原地，接受电击呢?

这是因为狗在过去数次被电击的过程中尝试逃离或减轻痛苦的行动都失败了，从而给它留下了一个深刻的印象，那就是自己的努力对最终的结果没有任何改变作用。既然自己再怎么努力也无法逃离痛苦，那就没有必要再做出新的尝试了。虽然之前的失败经历已经过去，现在自己所处的是一个新的环境，但它依旧留在原地，麻木地接受着一切。这种破罐子破摔的心态在人的身上也很常见。

我曾经在网络上发表过一篇关于如何练习写作的文章，有位读者评论道:“你之所以能够有所收获，是因为你有写作天赋，而我什么都没有，所以我做不到。”

[1] 马丁·塞利格曼. 习得性无助[M]. 李倩，译. 北京：中国人民大学出版社，2020.

改变命运的按钮就在眼前，
但却再也没有勇气站起来，走过去，按下按钮……

就像我在本小节中一开始提到的那位给我发私信的读者，他觉得自己现在之所以过得不好，是因为没有高学历；之所以没有高学历，是因为小时候成绩不好，父母没有钱给他请家教；他在工作上的不如意、婚姻上的不顺等，也是因为父母没能帮他安排工作、帮他买房。总之，他将所有责任都推到了父母身上，而将自己描述成了一个无辜的受害者。

当一个人经历了多次失败和低谷，尤其是自己曾经的努力没有得到预期回报时，就会慢慢形成一种“努力注定是白费”的自我暗示。在这种消极信念的作用下，他会渐渐认为努力是没有用的，还不如及时行乐，当一天和尚撞一天钟，甚至还会将责任全部推脱到环境、他人、命运、天赋等客观因素上，觉得自己之所以变成现在这个样子，都是环境使然。既然原因不在自己身上，那么自己也就无需改变。以此为借口，他就可以心安理得地待在舒适区，一边诉说别人如何对不起自己，一边被动等待着命运的救赎。

我们都想改变自己的境遇，也总想着“不劳而获”，寄希望于环境、他人、运气等因素的自动改变，从而让自己的境遇变好。为什么不选择重拾主动权，自己努力争取呢？

有人会说自己太迷茫了，不知道该如何去做；有人会觉得命运是上天注定的，即使自己再怎么努力也很难改变结果；有人会觉得自己天生意志力差，干什么事情都坚持不下来，有心无力；有人则认为完全没必要，明天和意外哪个先来都不一定，应该及时行乐；甚至还有人会愤愤不平，觉得凭什么自己需要努力，而某些人出生就已经是人生巅峰……不管出于哪种想法、何种解释，其实都是自我纾解和“洗脑”的借口，本质上都是对现状麻木接受、无可奈何的习得性无助。

正是这种错误的心态，导致很多人宁愿吃生活的苦，也不愿意吃学习的苦。这是为什么呢？因为生活中的苦闷虽然不好受，但更容易被接受，在日复一日中，人们就渐渐习以为常了。况且，在工作中吃了苦，生活中受了挫，我们还有很多能够立刻见效的排解方法。

被生活打压，感觉很憋屈？没关系，玩会儿游戏，在虚拟世界中当一回英雄，叱咤风云，就能轻而易举地忘掉现实中的不如意。经济状况不如意，事业发展不顺利？都是小问题！看看人均消费3000元的豪华餐厅探店视频，欣赏一下主播展示的上亿豪宅，就能在精神世界体验一把做有钱人的感觉，收获满满的成就感——即便这种快感是虚假的、短暂的，对解决实际问题没有任何帮助。

做这些事完全不用动脑，不用深入思考，更不需要意志力，小手一滑，获得快乐就是这么简单、迅速。而背书、刷题、学习技能等则不是立刻就能有所收获的，只有积累到一定程度才能渐渐得到回报。你需要长时间的坚持，每天逼着自己坐在桌前一遍遍地思考和练习，承受着因孤独、对未来不确定的恐惧感、反复失败的挫败感、旁观者的冷嘲热讽等导致的各种焦虑情绪。而这些负面情绪和压力都会快速腐蚀你的意志力，严重限制你大脑中“理性小人”的正常工作。

一个是在当下不用怎么付出就能得到的“速成”快乐，一个是需要面对现实，经历挫折，在长期不断的努力和沉淀之后才能有所收获，你会如何选择呢？

## 高效学习，从来都不靠熬

之前我在网络上发表了一篇文章，评论区有好几位网友埋怨篇幅太长，没有耐心看完。那篇文章大约3000字，15分钟之内就能读完，却有好几位网友反映说自己连这15分钟都无法坚持。

沉溺于短期快感无法自拔，最终形成短期快感成瘾，这是学习最大的敌人！它会偷走我们大量的时间，让我们变得只顾眼前舒适，不管日后的长远发展。它还会让我们变得急躁、没有耐心，无法静下心来做事，只习惯于接受那些容易理解的肤浅信息，不想动脑筋，做什么事都急于求成，总想结果来得更快一些，懒得付出努力和坚持积累。如果不加以制止，一直纵容自己沉溺下去，不仅无法做到高效学习，就连低效率的学习都将成为奢望。

## 第三节　短期快感成瘾到底是什么

詹姆斯·奥尔兹和彼得·米尔纳曾是麦吉尔大学年轻有为的科学家。20世纪50年代，他们在对小白鼠的大脑进行常规性试验时，发现了一个令人诧异的现象。

他们将一根针状电极植入小白鼠的大脑中，当小白鼠四处走动时，实验人员按下按钮，电极会产生电流刺激小白鼠的大脑，从而让它们迅速产生恐惧反应，仓皇逃回笼子。这一现象原本已经被很多科学家验证过了，可是当奥尔兹和米尔纳在做类似的实验时，却发现有一只小白鼠似乎非常享受这种电击，一直在受到电击的地方徘徊，好像每次电击之后都感觉意犹未尽。

为了一探究竟，奥尔兹和米尔纳开始对这只反常的小白鼠进行观察。最终发现，原来当初给这只小白鼠植入电极时将电极的位置放错了，本应该放到网状组织中的电极，却被插进了小白鼠大脑的中隔。正是这次失误，造成了这只小白鼠的反常行为，也让他们误打误撞地发现了大脑中存在一个区域，在受到刺激之后会产生快感。

原来，实验中电极插入的区域是大脑的奖励系统，每当受到刺激后，该区域都会分泌一种名为多巴胺的神经递质。实验中的小白鼠正是因为大脑分泌了大量的多巴胺，才会出现如此反常的举动。

那么，多巴胺到底是什么，又有什么作用呢？20世纪80年代，剑桥大学神经科学教授沃夫曼·舒尔茨曾参加了一个研究猴子大脑的实验项目[1]。用于实验的猴子叫胡里奥，它特别喜欢喝黑莓汁。舒尔茨教授在胡里奥的大脑中植入了一根电极，以便细致观察实验中其脑部神经元发生的活动。然后胡里奥被放在了暗室的一把椅子上，在它的面前有一块屏幕。当屏幕显示黄色螺旋、红色波形线条和蓝色线条等彩色图案时，胡里奥拉动一旁的拉杆就能喝到一滴黑莓汁。

在实验刚开始时，胡里奥显然并不在乎屏幕上播放着什么图形，它更关心的是如何离开这个鬼地方。但当它喝到几次自己最爱的黑莓汁后，情况发生了变化。胡里奥逐渐发现了自己喝到黑莓汁

[1] 查尔斯·都希格. 习惯的力量[M]. 吴奕俊，陈丽丽，曹烨，译. 北京：中信出版集团，2017.

的规律，于是变得专注起来，认真地注视着屏幕，只要出现对应的彩色图案它就会拉动拉杆，然后张开嘴巴，等着喝喜欢的黑莓汁。舒尔茨教授通过监测发现，每当胡里奥喝到黑莓汁，它的大脑中就会出现一个尖峰脉冲，并分泌出大量的多巴胺，这代表此时的胡里奥很兴奋。

在胡里奥将这一行为练习得越来越熟练后，只要看到屏幕上出现对应的彩色图案，它的大脑就会出现尖峰脉冲。这说明，当胡里奥发现了屏幕上彩色图案和黑莓汁之间的联系后，仅仅只是看到屏幕上的彩色图案，它就已经开始期待着黑莓汁的出现了，此时屏幕上的彩色图案不仅是提醒胡里奥拉动拉杆的信号，更是让它产生期待、兴奋的信号。后来，实验人员还故意在彩色图案出现之后不给胡里奥喝黑莓汁，这样原本的兴奋就会变成渴求，胡里奥依旧会呆坐在那里，一个劲儿地拉动拉杆，急切地希望自己的渴望被满足。

这个实验和前文中提到的电击小白鼠的实验很相似，但却让人们对多巴胺的了解更进了一步。

一提起多巴胺，人们往往会很自然地将其和快乐联系到一起。但实际上，大脑的奖励系统在分泌多巴胺后并不会产生快乐的感觉，那种感觉用兴奋来形容更为准确。这时的大脑会因为期待接下来可能得到的奖励而变得跃跃欲试，正是在这种感觉的刺激下，大脑才会不由自主地发出行动指令，以求获得预想中的奖励。

多巴胺是看见“奖励”的那种兴奋感和渴求感

多巴胺不是得到“奖励”后的那种满足感和喜悦感

实验中的猴子胡里奥在一开始没有发现黑莓汁和屏幕上的彩色图案之间的联系时，它的大脑中多巴胺的分泌是没有规律的。等到胡里奥意识到线索和奖励之间的联系后，多巴胺的分泌就开始变得有规律起来。每当它看到屏幕上的线索出现，即便它还没有拉动拉杆，还没有喝到黑莓汁，多巴胺的分泌就已经瞬间让它获得了快感。而当它在喝到黑莓汁之后，多巴胺的分泌反倒回归到正常水平。

动物的大脑如此，人的大脑也一样。布莱恩·克努森在某次公开课上分享了自己曾经主导过的一个实验。他们设计了一个“赢钱”游戏，大致的规则是每当屏幕上出现某个符号时，只要被测试者及时、准确地按动按钮，就能获得相应的金钱奖励。实验人员则会通过功能性磁共振成像设备观察被测试者在玩游戏时大脑的血液流量情况。

实验结果表明，每当屏幕上出现“赢钱”的符号时，被测试者的大脑伏隔核就会释放大量多巴胺。可当他们按动按钮，得到奖励后，伏隔核反而表现得很平静。

多巴胺的大量释放会让大脑陷入一种渴望得到某种奖励的欲望与期待中，这种感觉并不是快乐，而是一种想要得到奖励、感受愉悦的渴求。正是在这种需求、欲望和期待的刺激下，“行动系统”被激活了。多巴胺会促使我们从想象跨越到行动，但如果不进行自我控制的话，我们很容易会沦为多巴胺的“奴隶”，一直处于欲求不满的状态，最终成为一个“瘾君子”。

一有时间就打开手机刷短视频，躺在床上看到深夜，困了、累了也要一边打着呵欠一边不断刷新页面；为了集齐所有盲盒拍照发到朋友圈，选择透支信用卡，借钱也要买；坐在电脑前连续玩好几个小时的游戏，不断地投入时间和金钱只为升级游戏角色……此时的我们像极了为了黑莓汁而不断拉动拉杆、不眠不休的猴子胡里奥。

为什么刷完短视频、打完游戏、冲动消费之后我们并没有获得满足感，反而感到非常空虚呢？因为这种刺激是呈边际效用递减的，会因为多巴胺阈值的上升而渐渐感到索然无味。为了维持原有的兴奋感，我们需要比原先更强烈的刺激，于是再次掉进欲望的陷阱中，不断地想要获得更多。久而久之，我们就会对此上瘾。原本每天玩一局游戏就感觉很开心，慢慢变得一有时间就想玩，最后发展到除了睡觉其他时间都在玩，不玩就感觉百无聊赖、没有劲头，越玩越空虚，越玩越迷茫。

说起上瘾这件事，很多人只知道物质上瘾，即对烟、酒、药物、垃圾食品等产生依赖。但其实还有行为上瘾，比如对网络游戏、赌博等产生的超乎寻常的嗜好和习惯，这类行为上瘾比物质上瘾更具有隐蔽性。

如何判断一个人对某种行为的执着是兴趣爱好还是行为上瘾呢？在做某件事情时不要只看它在当下能带来的回报，而要从长远角度看是否会造成负面后果，并判断两者孰轻孰重。如果明知道这种行为弊大于利，但依旧欲罢不能，那就是行为上瘾。

行为上瘾往往就隐藏在短期快感中。如果我们无法抵挡即刻满足的诱惑，长此以往就会对原本不起眼的行为上瘾，任由其对自己的身心健康、认知能力、执行力等各个方面造成破坏性的影响。

正确利用多巴胺，可以利用奖励的“诱惑力”激发执行力！

如若疏于自控，则很容易沦为多巴胺的“奴隶”，沉迷放纵而不自知。

美国著名地缘战略理论家兹比格涅夫·布热津斯基在20世纪90年代针对贫富差距提出了“奶头乐理论”。他认为，随着贫富差距的拉大，财富主要集中在少数人手上，被边缘化的人的不满情绪则会越来越严重。而消除这种不满情绪、避免阶层冲突的最佳方法，就是让那些能够刺激人们感官的娱乐消遣产品填满被边缘化的人的生活，比如网络、电视、游戏等。娱乐通常分为两种，一种是满足型娱乐，你喜欢什么我就给你什么；另一种是发泄型娱乐，你觉得什么刺激我就给你什么。它们就像婴儿吸吮的奶嘴一样，能帮助人们转移注意力和负面情绪。这种快乐能够轻易获得，于是人们很容易陷入其中，久而久之，人们深入思考的能力、执行力、解决问题的能力等都会慢慢衰退，最终让人和人的差距越来越大。

任由多巴胺摆布不仅会让我们一直被欲望牵着鼻子走，一再屈服于诱惑，抱着及时行乐的念头，不断地放纵成瘾，还会让我们变得越来越急功近利，总想找到做事速成的捷径。

网络上很多人发布各种“凡尔赛”式的作品，炫耀着自己的精致生活：买奢侈品如买菜，吃一顿饭人均两三千元，代步都是跑车，还得在地库选半天。看视频的我们一边羡慕一边自我调侃：“今晚的做梦素材又有了！”殊不知，在这场“精神高潮”中，这种“高奢文化”正在潜移默化中刺激着我们的神经，影响着我们的价值观。导致我们越看越浮躁，越看越自卑，并将特殊视为普遍，将片面当作现实。

而这背后的真相是，视频中的主人公只是一味地将自己光鲜亮丽的那一面无限放大，目的就是为了引起你不切实际的幻想，吸引你的注意力，收割你的时间，获取流量，甚至金钱。

7天学会画画、14天掌握写作、21天精通英语，等等，这类内容为什么那么火？将一门需要长期刻意练习的技能和极短的时间挂钩，当然可以吸引那些急于求成，总想剑走偏锋的人群。当你满脑子都是赶快成功，赶快有结果，以这种近乎荒唐的方式来追求所谓的效率，才是对自己最大的耽误。

## 第四节　延迟满足到底是不是伪科学

20世纪60年代，斯坦福大学心理学家沃尔特·米歇尔博士在一所幼儿园进行了一项关于儿童自制力的实验。实验人员将一个房间设定为孩子们的“惊喜屋”，屋子里的桌子上摆放着一些对小朋友具有很强诱惑力的棉花糖、饼干等零食，使他们非常想立即得到。零食的旁边放有一个小按铃。除此之外，屋子里面没有任何能够帮助孩子分散注意力的东西。

“游戏”规则大致是这样的：实验人员让参与实验的孩子依次单独在“惊喜屋”中玩耍，如果孩子愿意独自待在屋子里，并且不碰桌子上的按铃，不吃零食，一直等待实验人员回来，那么他就可以获得双倍的零食奖励。但如果他不愿意等待，在实验人员回来之前直接按动按铃或是吃掉零食的话，就没有额外的奖励了。

为了让实验顺利、有效地进行，提前赢得孩子们的信任感是很重要的。一方面，实验人员会先和孩子们玩耍一段时间，和他们熟络起来。孩子在进入“惊喜屋”后，他们还会假装离开，并告诉孩子，如果要找他们，直接按动按铃即可。只要孩子一按铃，他们就马上回来，这样重复多次，让孩子逐步建立起安全感。另一方面，实验人员将两份数量不一样的零食摆放在桌子上，一份少，象征着即刻奖励，另一份多，象征着未来奖励。这样做能让孩子更加相信，只要不碰零食，等待实验人员回来，就能得到双倍的奖励。通过这种将当下诱惑和未来回报同时呈现，更为直观地观察孩子在面对这种冲突时的表现，就是著名的“棉花糖实验”[1]。

实验人员在向孩子们介绍游戏规则时，几乎所有的孩子都会信心满满地选择等待。等实验人员一离开，孩子们的表现却各不相同。

有的孩子虽然很想吃桌上的零食，但他们会想方设法转移自己的注意力。他们有的自言自语，告诫自己要忍住，不要去看，更不能去碰零食；有的则将椅子搬到离桌子很远的地方，用脚磕碰椅子

[1] 沃尔特·米歇尔. 棉花糖实验[M]. 任俊，闫欢，译. 北京：北京联合出版公司，2016.

腿，让自己暂时忘记零食的存在。

有的孩子虽然知道再忍耐一会儿就可以成功，但却抵挡不住零食的诱惑，提前按铃或直接拿起零食吃了起来。其中有个孩子十分“机智”，他在实验人员离开之后就开始四处张望，在确定没人看见之后，便直接拿起盘子里的饼干，轻轻掰开后用舌头将里面甜甜的奶油都舔干净，然后再把饼干合起来，重新放回盘子里，摆放成原来的样子，全程表现得十分冷静且小心翼翼。这让观看监控的实验人员惊诧不已。

实验完成后，实验人员对参与实验的孩子进行了长期追踪，平均每10年评估一次。从评估结果来看，那些在该实验中能够坚持更长时间的孩子在长大成人之后的自控力、专注力、抵制诱惑及承受挫折的能力都相对更强。也许这种描述过于抽象，为了更直观地做出评估，他们决定对比孩子们多年之后的SAT（相当于美国的高考）考试成绩。从成绩上看，当年在“惊喜屋”中忍住不吃零食，坚持时间更长的孩子成绩都更为优秀。在日后的追踪评估中他们发现，坚持时间更长的孩子学历水平更高，滥用药物、过度肥胖等情况也更少出现。

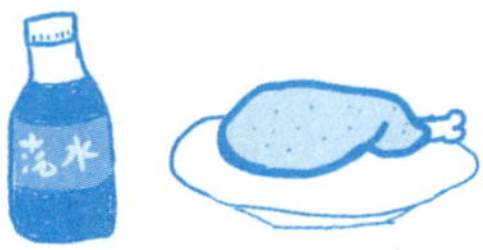


即时奖励

未来奖励

在理性状态下，你知道哪个选项对自己最好！
但在诱惑面前，你会如何选择呢？

当然，我们不能直接将这次实验视为对孩子未来的预测，它不是在给孩子们“算命”，而是通过实验的方式探讨有利于提升自律能力的方法，让我们知道在面对诱惑，甚至短期快感成瘾时，应该采取哪些方法来延迟满足。

那么，什么叫延迟满足呢？在我看来，它是一种在面对诱惑时，能够为了更有价值的长远结果而和“冲动小人”作对，选择克制自己即刻满足的冲动，去等待和忍耐的自控力。

人性的本能更倾向于及时行乐，更喜欢那些在当下就能满足欲望、体验到快感的事物。比如，你想吃麻辣烫，你的本能就是马上下单购买，不愿意去想是否健康。又如，你正准备打开书复习，小伙伴却给你发信息邀请你去看电影，你的本能是马上答应，不愿意去考虑下周的考试该怎么应付。当诱惑出现时，大脑中的“冲动小人”就会变得十分活跃，不断叫嚣着“无需等待，现在就要！”的口号。但这并非表明人天生就是如此懒惰和短视，人的本能更多的是一种冲动的应激行为。

看到美味的零食就想放进嘴里，遇到困难就想转身逃跑，发现好玩的游戏就将学习抛在脑后，这些行为都是在人性本能驱动下的自然反应。现在，你会觉得人性本能大有“拖后腿”的嫌疑，可放在茹毛饮血的原始社会，食不果腹，衣不蔽体，正是这些本能反应让人类得以延续至今。那时的人类面对变化无常的天气和随时可能出没的猛兽，大脑的应激反应正是最佳的自我保护机制。但如今，面对欲望时的即刻反应却成了阻碍我们理智选择的“敌人”。

如果任由本能牵着鼻子走，随心所欲，想做什么就做什么，你早晚会沦为多巴胺的“奴隶”。其实每个人都有自控力，在大脑处于理性的状态下，我们都很清楚自己应该做什么，不应该做什么。但为什么有的人就很自律，而有的人则懒散不堪呢？当诱惑来临时，摆在我们面前的是同一道选择题——当下的奖励和未来的奖励应该选择哪一个。你所选择的答案会直观地体现你的自律能力，并影响着你的未来。

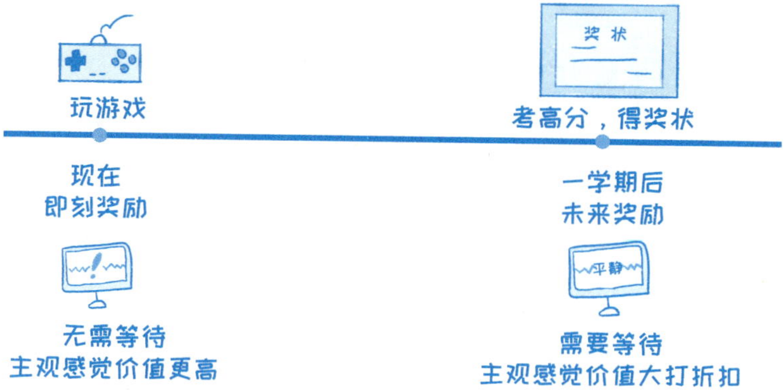


延迟折扣是指当一种正面的结果被延迟，个体主观感受到的价值就会随着时间的推移而大打折扣。

当你路过奶茶店，看到广告牌上展示的新品饮料，大脑便开始将一杯香醇的热饮锁定为当前的奖励。站在原地的你表面不露声色，实际上大脑中的“冲动小人”和“理性小人”已经展开激烈的辩论。它们争执的焦点是：应该现在喝一杯香甜的奶茶，还是在未来拥有好身材。

在理性状态下，答案显而易见：拥有好身材的价值要远远高于一杯奶茶。毕竟前者有利于健康，还能让自己更加自信，而后者只是单纯地过了把“嘴瘾”。但此时，延迟折扣效应开始发挥作用了——即便拥有好身材对自己更有益处，但要在未来的某个时刻才能享受到它的好处；如果现在选择喝一杯奶茶，虽然从长远来看弊大于利，但当下自己就能过把瘾。于是多数人会抵制不住奶茶的诱惑，而选择即刻满足。等到喝完之后，冷静下来又会百般后悔，埋怨自己当时为什么就不能忍一忍，于是痛定思痛，发誓再也不喝奶茶了，可等到下次同事拎着奶茶向你走来，你依旧会做出同样的选择。

在《自控力》一书中，凯利·麦格尼格尔记录了这样一个实验[1]。

这是一场来自哈佛大学、德国莱比锡马普研究院的40名大学生与来自莱比锡沃尔夫冈·科勒灵长类动物研究中心的19只黑猩猩的自控力对决比赛。研究人员给大学生提供的零食奖励是葡萄干、巧克力豆、爆米花等，给黑猩猩提供的是它们喜欢的葡萄。这次实验有两道选择题。第一道题是实验对象可以自由选择要2份零食或是6份零食。不管是大学生还是黑猩猩，都毫不犹豫地选择了后者。第二道题是实验对象可以自由选择立即吃掉2份零食，或是等待2分钟就有机会吃掉6份零食。可以看出，这道题和第一道题区别不大，但收集到的答案却让研究人员感到十分诧异。有72%的黑猩猩选择了等待，以此让自己获得更多的零食，但只有19%的大学生选择等待2分钟。

[1] 凯利·麦格尼格尔. 自控力[M]. 王岑卉，译. 北京：文化发展出版社，2012.

有着高智商的人类和黑猩猩比拼自控力，结果竟然完败！难道人类的自控力已经弱化到如此低级的程度了吗？其实，当选择变成了“可以立即吃到2份零食”和“需要等待2分钟后有机会吃到6份零食”时，延迟折扣效应就出现了。人们会不由自主地想，等待2分钟之后真的一定会得到6份零食吗？是否还会有新的规则变动？当未来的结果不确定时，这种不确定会让人患得患失。与其这样，不如选择现在就可以得到的，即便得到的会少一些。

未来的奖励虽然更有价值，但由于需要等待，所以变得更遥远，且具有不确定性，于是它对人们的诱惑力也就大打折扣了。与其承担风险，不如抓住当下就能获得的奖励。除了延迟折扣效应的作用，还有一个十分重要的原因，就是人们往往会找借口来自我安慰，主动说服自己先接受诱惑，而黑猩猩却没有这方面的“智慧”。

“我知道经常喝奶茶不好，今天情况特殊，先喝一杯，从明天开始我就不喝了。”

“反正今天已经起晚了，那就破罐子破摔，再打几局游戏吧，明天我会早早起床背书，再也不浪费时间了。”

“今天直播卖的包包真好看，折扣力度还大，特别划算，我就买一个，下次绝对不会再买了……”

我们内心比谁都清楚，屈服于眼前的诱惑并非高明的选择，也知道自己的短视行为是在贱卖宝贵的未来。可只要一想到未来的奖励需要一定时间的等待，且具有不确定性，那种勇于追求的热情就会迅速消退。既然如此，何不把握现在，及时行乐，将一切麻烦都交给明天的自己。毕竟，一觉醒来之后，自己会变得十分完美、自律、果敢，能够下定决心拒绝一切诱惑，坚定、勤奋地朝着目标努力，最终收获成功。

此刻读到这里的你一定会笑出声，这么拙劣的谎言怎么可能会有人相信呢？现在的你可能不会相信，但当你需要在当下的诱惑和未来的奖励中做出选择时，你就会忍不住相信这个漏洞百出的谎言，安慰自己这一切都是真的，只为让自己心安理得地享受当下的短期快感。

不管你是否相信，人生中绝大多数问题归根结底还是要靠自律来解决，人生的大多数痛苦和焦虑也只有自律才能治愈。而自律的核心恰恰是面对诱惑与欲望时的自控能力。

脱口秀演员李诞在《奇葩说》中曾就延迟满足发表过一段精彩的感言。他说："我们人类，曾经有两种人。一种是采集文明，他今天饿了，一伸手（摘下）一个果子，他很快乐，他当时就能快乐，但这种人（最终）被淘汰了，活下来的是我们这些不快乐的人，压抑了欲望的种地的（人）。我们是春天（播）种，等，等好几个月，秋天吃，这个叫'推迟满足'嘛。"

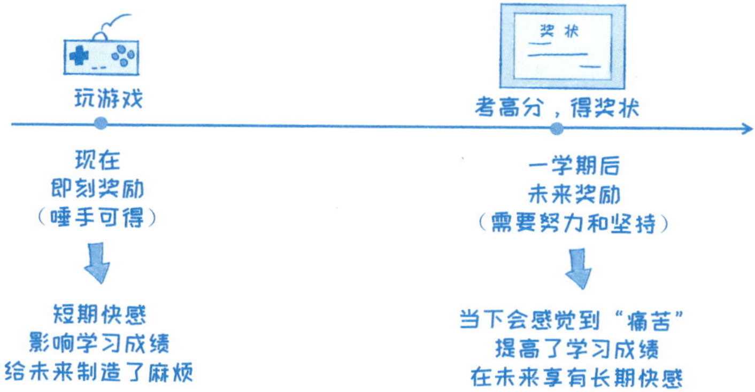


先苦后甜的真正意义是教导我们要与欲望保持一定的距离，不要被眼前唾手可得的安逸所蒙蔽，要能够耐着性子去忍受痛苦，通过努力和坚持收获更大的回报。

在《少有人走的路》一书中，作者斯科特·派克讲了这样一段话：“推迟满足感，就是不贪图暂时的安逸，先苦后甜，重新设置人生快乐与痛苦的次序：首先，面对问题并感受痛苦；然后，解决问题并享受更大的快乐。在充满问题和痛苦的人生中，推迟满足感是唯一可行的生活方式。”[1]

一个真正的高效学习者，首先一定是一个善于“延迟满足”的好手。需要注意的是，所谓高效学习，并不是指“30天学会英

[1] 斯科特·派克．少有人走的路[M]．于海生，严冬冬，译．北京：中华工商联合出版社，2017．

语”“10天搞定申论”这种不切实际的幻想。妄想通过做最简单、最容易的事情，在短期内获得极大的成功，同样是沉溺于短期快感的表现。无法耐住性子的人很难沉下心来学习。高效学习的方法是在顺应大脑学习规律的基础上，运用技巧去提升自己的自控力、意志力、思考力、表达力、记忆力等，让自己走出舒适区，学会积累和等待，不再局限于做简单、容易、快速见效的事情。当这些基本的能力得到强化后，学习自然就会变得高效起来。

对于延迟满足，有很多人并不认同。他们觉得延迟满足是在故意和自己作对，越延迟越焦虑，一味地追逐更大的目标，反而没有时间去享受，这样的人生没有任何意义。我认为，持有这种观点的人对延迟满足的理解是存在误区的。

刻意练习延迟满足的能力是为了锻炼自己面对诱惑时的自控能力。延迟满足并不代表对一切欲望都要延迟，更不代表要取消满足，而是在尊重自身需求的基础上，有节制地满足自己的欲望。

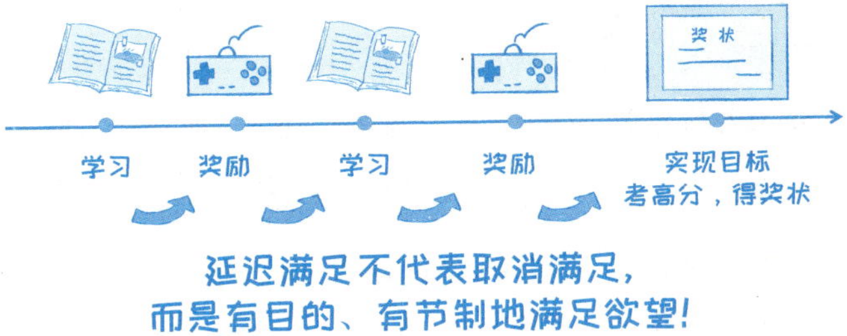

举个例子。当你工作了一天，回到家后明明很想休息，但还需要为明年的考试作准备，看书学习，想要上床休息是目前阻止你看书学习的最大障碍。此时你面临一个两难的选择：是该选择上床休息，还是忍着困意去学习呢？

我想多数人会心不甘情不愿地去休息，并且在心里责怪自己为什么这么不争气，仿佛只有神采奕奕地去学习才是合理的表现。虽然去睡觉了，但内心却瞧不起自己，觉得自己没有做到延迟满足。

这就是对延迟满足的错误理解。在上述案例中，上床睡觉是一个很正常的生理需求，工作了一天后，你的身体和大脑都需要休息，这是再正常不过的，它并非诱惑。故意无视自己的生理需求和精神需求是自虐，不是延迟满足。

较为合理的做法是，与其强迫自己强撑着熬夜看书，不如早早睡觉，保证充足的睡眠，让身体和大脑得到充分的休息后，早起1小时用来学习。

还有人认为：人生短暂，生活不易，为什么就不能玩手机、打游戏、吃美食呢？一直拼搏，丝毫不让自己享受和喘息的人生还有意义吗？毕竟明天和意外哪一个先来都不知道。

玩手机、打游戏、喝奶茶、吃油炸食品等的确很容易让人感到快乐，但经常提醒自己不要沉溺于短期快感，并不是说丝毫不让自己去做这类容易制造快乐的事情，而是要把握好一个度。能够产生短期快感的事情通常有助于我们排解压力、消除负面情绪、激发执行动力，但如果过量，则弊远大于利。至于明天和意外哪个先来，这个谁都说不准。可这并不是让自己浑浑噩噩地生活、得过且过的理由。正因为人生苦短，我们才更应该珍惜当下，去做那些从长远角度来讲更有利的事情，而不是打着“活在当下”的旗号彻底放飞自我，过着被多巴胺“奴役”、在诱惑面前缴械投降、习惯性放弃的日子。

## 第五节　有一种病，叫“懒病”

网络上流传着一个关于“勤奋小人”和“懒惰小人”的段子：“人的一生中，心里都有两个小人在打架，一个是‘勤奋小人’，一个是‘懒惰小人’，读小学的时候‘勤奋小人’常常把‘懒惰小人’打得落花流水，读初中的时候他俩常常打成平手，高中的时候‘勤奋小人’常常被‘懒惰小人’打得鼻青脸肿，终于，大学的时候他俩不再打架了，因为‘勤奋小人’已经被打死了。”

短短一百来字却引起了广大网友的共鸣，大家觉得这根本不是搞笑段子，这说的就是人生呀。

懒也是分等级的，在“懒圈”里谁也别妄想当第一，因为“懒无止境”，没有最懒，只有更懒。别幻想着自己只是懒一小会儿，过段时间就好了。懒也是一种“病”，它无法自愈，且隐蔽性极强，甚至无法真正得到人们的重视。而且懒会随着年龄增长变得越来越普遍，越来越“高级”。对此我深有体会。

在我还是个不怎么懂事的孩子时，那是我人生中最有活力的时光。那时的我对一切都充满了好奇，嘴上经常挂着“为什么”三个字，我可以顶着大太阳玩一中午，扯着嗓门儿哭一晚上，在沙发上跳来跳去。午休？想都不用想，我根本不懂什么叫累！

上了小学，我体内的“懒惰小人”出生了。我发现自己竟然也会渴望睡觉，而这往往集中出现在我每天早起去学校、上课听讲以及做作业三个时间段。我还发现自己开始赖床、懒得写作业、懒得洗袜子、懒得收玩具，等等。这些都是“懒惰小人”在作怪。幸运的是，每当“懒惰小人”开始作妖时，我妈就会用高昂的大嗓门儿来“关心”我。基于在家和学校的“求生本能”，我的“勤奋小人”总能将“懒惰小人”打得落花流水。

等上了中学，我的“家庭地位”迅速提升。一是因为我的身体快速发育，个子长高了，不再是原来那个爸妈一只手就能“击倒”的小矮子了；二是一直辅导我作业的爸妈发现我做的习题越来越难，他们在我学习上的发言权变得越来越少，只能充当后勤保障，变着法儿地给我做有营养的饭菜。在没人“威慑”的情况下，我体内的“懒惰小人”也快速发育，变得越来越猖狂。

放暑假时，我认真地制定了假期预习计划，并将其贴在墙上，期望能时刻提醒自己，可“懒惰小人”却让我懒得坚持下去，直到快开学了才急急忙忙补作业，哪还有精力去管预习的事情呢？

英语成绩不理想，于是我决定每天早起半小时背单词。可每当闹钟响起，“懒惰小人”却让我根本舍不得离开暖烘烘的被窝。

今天该洗头了，看着镜子中乱糟糟、油腻腻的头发，纠结了半天，“懒惰小人”却建议我只洗刘海儿……

总之，在这个阶段，我体内的“勤奋小人”在面对“懒惰小人”的挑衅时会感觉越来越力不从心，甚至很多时候都会败下阵来。只不过在高考的压力下，“懒惰小人”还是有所忌惮，不敢太嚣张。

终于，高考结束了，我考上了大学，学习压力骤减，父母和老师再也不会整天盯着我学习了。我搬进了大学宿舍，光明正大地摆脱了父母的“掌控”，每月还能定时收到数目可观的生活费，这一切都大大刺激了我体内的“懒惰小人”，于是它开始在我的体内称王称霸了。

没有课时，我可以躺在床上玩手机，一直玩到天亮，再从天亮玩到天黑。到了饭点我也懒得下床去食堂，而是用手机点外卖或是让同学帮忙打饭。为了考英语四级，买的单词书一年只背会了第一个单词“abandon”。以前制定的计划书好歹还能实施一半，现在直接是写完就作废。以前出门还能洗个刘海儿，现在连这个环节也省了，直接变成了戴帽子，甚至是能不出门就不出门……

“懒惰小人”正式将“勤奋小人”打败，在我的体内宣誓主权。当然，“勤奋小人”并没有彻底消失。当我刷朋友圈看到别人越来越优秀时，当我期末考试成绩不理想时，当我为日后的工作感到焦虑时，当我看到一直供我念书的爸妈有了白头发时，我的“勤奋小人”就会瞬间苏醒。但可悲的是，弱小的它已经不再是“懒惰小人”的对手，还没坚持一天就又被“打个半死”。

在我最懒惰的时候，我唯一能做的反抗就是隔三岔五地瘫在床上看心灵鸡汤，读一些自律方面的书籍，或是写一张永远都不会执行的计划表。

现在已经有很多年轻人开始懒得行动、懒得学习、懒得自律、懒得坚持，如果不把懒惰的毛病治好，即使看很多有用的学习技巧，制定一个个看似很上进的目标计划，又能产生多少实质性的作用呢？

在我十几年和“懒病”抗争的血泪史中，我发现自己的“勤奋小人”之所以总被“懒惰小人”打败，是因为“勤奋小人”的体力和耐力严重不足，没打几个回合就累趴下了。这并不是因为“勤奋小人”天生就比“懒惰小人”弱，而是因为它身上的包袱太重了，而限制“勤奋小人”发挥的包袱，都是我自己背上的。

你可以回想一下，自己会在什么情况下制定计划和目标呢？大多是在心情不好的时候！当你猛然发现别人似乎过得都挺好，而自己现实处境和理想生活的差距却很大时，这会让你感到无比恐慌、焦虑和痛苦。于是你默默拿出一个本子，在上面写下了“改过自新”的计划。在这种“鸡血”分泌过多的情况下，你会觉得自己愿意付出一切努力，哪怕再苦再累也在所不惜。而此时制定的计划绝对是高目标、多任务、重强度、求速度，和自身实际能力严重脱轨。

一本英语四级单词书？我要一个月搞定！减肥十斤？给我21天就行！复习申论？一个礼拜就可以拿下！与此同时，你还会发出各种各样的誓言，如：从明天开始，我再也不吃晚饭了！从明天开始，每天6点起床跑步5000米！从明天开始，每天看1个章节的书！从明天开始，每天练习英语听力1小时……

目标越大，誓言越响亮，任务定得越多，你给“勤奋小人”的包袱就越重，越削减它的战斗力，“懒惰小人”的胜算也就越大。

造成你痛苦、焦虑、无力的根源是你想要变得更好，却没耐心让自己一点点慢慢变好！

每个人都有一套自控系统，它的正常运转是需要消耗“电量”的，这个“电量”就是我们常说的意志力。正常情况下，经过一夜的休息之后，早晨是我们意志力最强的时候，具体表现就是脑子更好使、更有干劲儿，能够主动地“强迫”自己完成制定的计划。但随着时间的推移，意志力也在不断地被消耗。当“电量”不足时，自控系统就会进入“自我保护”状态，这时我们的思考能力、自控能力、毅力、执行力等表现就会大幅度下降，变得懒惰起来。如果此时我们没有及时地给自控系统“充电”，而是继续一味地向自己施加压力，企图唤醒体内已经饿得半死的“勤奋小人”，就会进入越自控越失控的状态。越着急、越焦虑，压力越大，意志力损耗就越多，自控系统就越无能为力，执行力就越差，最终只能选择破罐子破摔，通过沉迷游戏、暴饮暴食、无节制消费等方式来麻痹自己，逃避现实。

2000年，美国佛罗里达州立大学社会心理学教授罗伊·鲍迈斯特和他的研究团队提出了自我的活动损耗心理能量理论，简称自我损耗[1]。他认为，如果个体将自我管理的资源用来改变以往的习惯，那么个体就会在随后的自我管理任务中产生损耗效应。尽管你感觉自己什么都没有做，但是每一次的选择、纠结、焦虑、分散精力等，都是在损耗你的心理能量，每消耗一点心理能量，你的执行力和意志力都会下降。

研究人员发现，引起自我损耗最重要的五个因素分别为：努力程度、感知难度、消极情绪、主观疲劳和血糖水平。

了解了这些，我们就不难解释为什么越自控越失控，制定越

[1] 罗伊·鲍迈斯特，约翰·蒂尔尼．意志力[M]．丁丹，译．北京：中信出版社，2012.

繁复的任务，执行力就会越匮乏，越苛责自己，就越容易屈服于诱惑。太急切地追求成功，往往会用力过猛。大脑在制定计划时往往会犯“空想主义”的错误，觉得只要自己下定决心，再苦再累都能坚持下去，但这样制定出来的计划和自身的执行能力是完全脱节的，等到真正实施时，繁重的任务只会加快自我损耗，直接导致自控系统瘫痪。

懒惰的人并非没有上进心，颓废成瘾的人也只是被自己的计划表压垮了。因为不擅长意志力管理，缺乏执行策略，而让自己的精力被白白损耗。他们之所以选择迷失在短期快感中，无非是在高压和失望之下做出的自保行为。

## 第六节　治疗“懒病”的良方——“0+1+N”行动法则

我读大学时立志要拿下英语四级考试，但我的词汇量严重不足，于是我斗志昂扬地制定了一个英语单词背诵计划，要求自己每天背50个单词，这样一年之后我的词汇量就能达到18250个。每次写完计划，我的心情就会特别澎湃，然后心满意足地去睡觉了。等到第二天拿出单词书背诵时才发现，背诵50个单词真的太难了，自己根本做不到。有时是因为当天的课程太多，闲暇时间不够；有时是因为要和同学出去玩，回来之后天都黑了，又累又困只想睡觉。好不容易强迫自己坐到书桌前开始背诵单词，手机提示音却响个不停，只能时不时地拿起手机回复消息，看似学习了很长时间，实际上却没背几个单词。就这样，每天背诵50个单词的计划一直没有成功过，只要一失败，我就备受打击，索性直接放弃当天的计划，然后放纵一下，决定从明天开始一定要全力以赴地背诵单词，并暗自发誓不完成任务不睡觉。可等到第二天，依然是老样子，还是做不到，于是继续用同样的借口来安慰自己。

当我们回归理性时不难看出其中的问题所在。既然我根本无法做到每天背诵50个单词，那就应该缩减背诵单词的数量，制定和自身能力相符的任务量，等到适应背诵单词的节奏之后，再慢慢增加任务强度。

可当时的我是无法接受“自己做不到”这个事实的。从小到大，家长和老师都告诉我：“有志者，事竟成。只要下定决心去做，再苦再累都能坚持下去。”因此，我对意志力和执行力是有误解的。我觉得只要自己肯下功夫，我的意志力就会永远保持满格，只要有时间，我就能精神抖擞地快速执行，就能完美完成制定的任务。为表决心，当然也为了让自己的努力更快见到效果，我会将每日计划制定得满满当当。只要当天的任务没有完成，或是因为某件意料之外的事情打乱了计划，我就会感到特别焦躁与不满，于是直接宣告当天的计划失败，今天先尽情玩乐，明天再完美执行。当我做不到时，就会认为是自己的决心不够坚定、计划不够完美。越完不成越会打心眼里瞧不起自己，越自我批评越会因为压力爆表而躲在诱惑中不敢出来，就这样习惯了懒惰度日。

从我的经历可以看出，懒惰的人在制定计划时容易脱离实际，总想用繁重的任务和完美的执行让自己尽早成功，一鸣惊人。在他们眼中，要么完美，要么破罐子破摔，他们无法容忍自己“一瓶子不满，半瓶子晃荡”的状态。

规定今天背50个单词，如果只背了10个，就觉得自己太不争气了，于是在接下来的几天再也没有打开单词本。要求自己在一个月内都不能吃高热量食物，可看到朋友端着奶茶走过来时，自己没有忍住，只喝了一小口就觉得自己的执行不再完美，反正已经喝了，不如就破例一次，明天再重新开始。

可冷静想一想，背了10个单词，喝了一小口奶茶，真的是非常失败的举动吗？对实现整体目标真的有那么大的负面影响吗？这更像是打着完美主义的幌子，实施懒惰和放弃的实际行为。

养成自律，克服懒惰的核心有两点。一是要懂得“引诱”自己付出行动，激发执行力。二是要不断重复该行为，并将其养成习惯，利用习惯的力量来减少意志力的损耗。想要做到这两点，用“0+1+N”行动法则这一招就够了！

当我们确定了要养成的新习惯或要完成的任务时，不要想当然地设定任务量，而是要根据自己目前所处的状态，向前迈出一步即可，也就是设定一个每日执行的最低行动量。完成当天的任务之后，可以自由决定是否继续“走下去”，如果愿意，就继续完成，不愿意就停下来。设定的每日最低任务量最好是“不起眼”的，即便是在自己很忙、很累、心情不好的情况下也能轻松完成。这样做的目的是最大限度减少对意志力的消耗，从而“引诱”自己行动起来，通过日复一日的执行将其养成习惯。当一个行为被升级为习惯时，往往就会下意识地去做，自我损耗就很少了。

自律的人并非意志力有多强悍，他们深知自己的意志力是有限的，于是会主动减少自我损耗，将目标缩减成尽可能小的任务，以此来清除行动的阻碍，通过重复的力量有目的地将一个有意义的行为养成习惯，或是用一个新的好习惯替代旧的坏习惯。

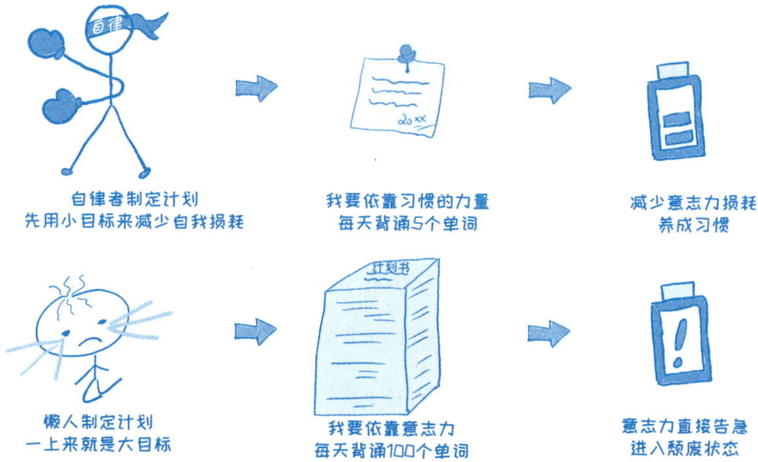


自律的人利用习惯的力量做事，懒惰的人利用意志力做事。这就是他们的区别所在。

在上一节中我讲到了引起自我损耗最重要的五个因素：努力程度、感知难度、消极情绪、主观疲劳和血糖水平，其中前四个是更为主要的。

比如你想背诵整本英语四级单词书时，规定自己每天背诵50个甚至是100个单词，可是你根本做不到，最后甚至连背诵1个单词的执行力都没有。为什么呢？因为你设定的任务造成的自我损耗太严重了，你的任务已经将意志力给“吓没了”。

在执行任务前，大脑都会对即将执行的任务进行评估，通过感知到的努力程度、难易程度、情绪状态、疲劳状况等因素来消耗意志力。如果你平均每天能够完成的单词背诵量为20个，但你却规定自己要背诵50个甚至是100个，大脑在评估之后就会消耗大量的意志力来调动执行力。可自我损耗的速度太快了，你还没有完成任务就已经感觉“身体被掏空”，自控系统为了自保，只能“弃帅保车”，放弃执行任务。而当你被繁重的任务压得喘不过气，又会引发消极情绪，继续加剧意志力的损耗。于是，在接下来的几天你进入了“混吃等死”的状态，选择自我放纵。

其实我们完全可以用“0+1+N”行动法则来制定目标。就拿背单词来说，你可以要求自己每天背诵5个单词。只要背会了这5个单词，就代表你完成了今天的任务。在完成当天的任务量之后如果觉得自己还能再背几个，则完全可以选择超额完成任务。

只设定最低行动门槛的好处是，大脑在评估任务时可以将自我损耗降到最低。在“懒病”发作时，我们的执行抵触感会很强烈，但我们真正抵触的并不是行为本身，而是过多的任务量。

每天背50个单词和每天背5个单词，两者都是每天背诵单词的行为，但因为规定的任务量不同，所以对意志力的消耗也不一样。“引诱”自己付出行动的方法就是利用微量的任务来消除抵触感，使任务小到不起眼，只需5到10分钟就能搞定，甚至在睡觉之前“临时抱佛脚”都可以轻松完成。回想一下，我们在骑自行车时起步的阻力是最大的，但骑起来之后就会轻松很多，刻意行动也是一样的道理。行动之前，大脑在评估和联想时的抵触感是最强烈的，真正“引诱”自己走出第一步后，你会发现好像也没有想象的那么难。

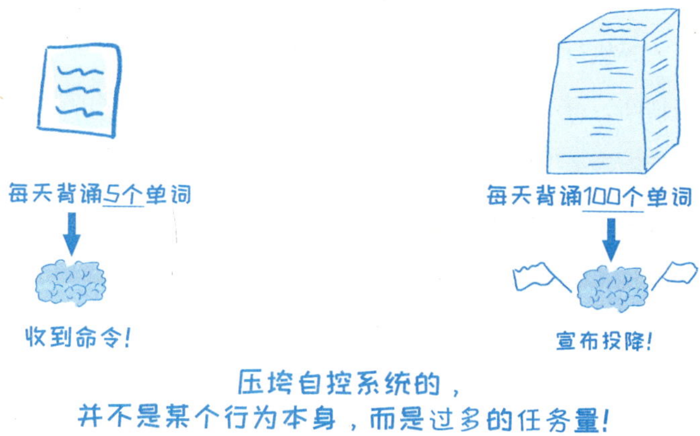


用小到可以忽略不计的目标来诱导自己开始行动是养成自律的第一步，然后就是每日重复该行为，重复是养成习惯的关键所在。但很多人对习惯养成是有误解的，最典型的错误认知就是觉得单次的行动量越大，养成习惯的速度就越快。实际上，习惯养成的秘诀是轻强度，重跨度。

在我们大脑中有这样两个“部门”，一个叫前额皮层，一个叫基底神经节。前额皮层相当于大脑的自控部门，控制着我们应该做什么和不应该做什么，这一过程需要不断做出选择，因此会一直消耗意志力。但人的意志力是有限的，不可能一整天都在自控。而基底神经节就是帮助我们节省意志力的，它相当于大脑的习惯部门，保存着我们之前已经形成的习惯，一旦需要用到，就会自动唤醒并播放该行为，这样就能大大减少意志力的消耗，将自控力用到刀刃上。

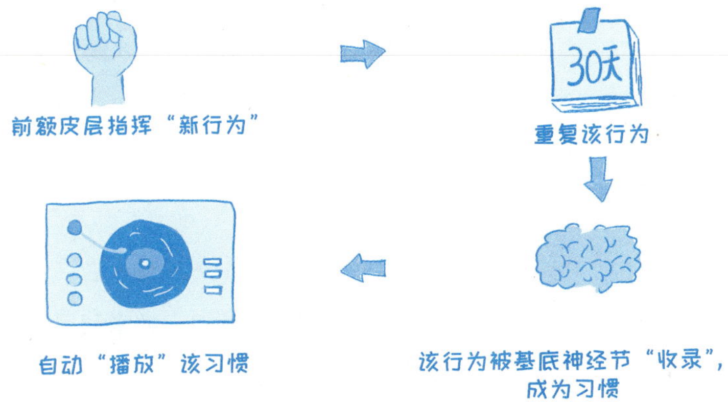


前额皮层和基底神经节是一对相爱相杀的欢喜冤家，前额皮层负责自控，能够自由选择想要刻意执行的某个行为，并能将其不断重复，最终将该行为形成习惯。这样，基底神经节就可以接管该行为，需要执行时再也不用前额皮层刻意为之，直接“无脑”重复

即可。

小时候学写字时感觉每一笔每一划都很难，写了这边忘了那边，但当重复到一定次数之后，你会发现自己已经完全是下意识地在写字，根本不用思考下一笔该如何写。这就是前额皮层和基底神经节之间的通力合作。前额皮层通过自控让我们刻意练习，等到重复一定次数之后，基底神经节就将这个行为记住了，此时就不用再调用前额皮层刻意执行了。

可它们也是“敌对”关系。基底神经节能够将重复到一定程度的行为上升为习惯，这样在需要时自动播放就能大大减少前额皮层的工作量，节省我们的意志力。不过基底神经节为了维护“习惯生态”的相对稳定，会通过排斥新的行为来减少对原有习惯的干扰。

比如，你在学写字时养成了一个错误的握笔姿势，而这个行为已经成了习惯。当前额皮层想要将其改掉，通过自控来使用正确的握笔姿势写字时，基底神经节就会从中作梗，百般阻挠。这时你用新的握笔姿势写字就会感觉很别扭、很抗拒。

明白这个原理之后，你就能够理解为什么习惯养成的秘诀在于“轻强度，重跨度”了。在刻意执行某个行为时，基底神经节为了维护原来的习惯，会特别抵触新的行为。原本你的习惯是下班之后吃完饭就躺在沙发上玩手机，这个行为已经被你重复了上百次，每当你有闲暇时间，启动该行为的“按钮”就会被激活，由基底神经节自动“播放”。可现在前额皮层却发出了下班后背诵单词的新指令，自然会引起基底神经节的强烈不满与反抗。这种不适感虽然会让你很不舒服，但却是个十足的好信号，起码它证明了你已经开始对不良习惯下手，并着手培养一个新的好习惯。为了能够让你执行背诵单词的指令，前额皮层会花费更多意志力来应对旧习惯的反扑，因此，在这个阶段最聪明的做法是尽量减少任务量以降低自我损耗。当新的行为被不断重复，基底神经节就会慢慢放弃抵抗，“被动”选择接受该行为，这样我们就成功地将“下班后玩手机”替换成了新的习惯——“下班后背单词”。

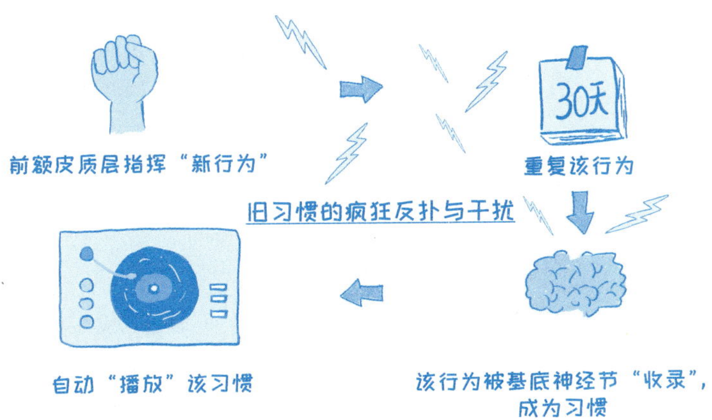


“每天背50个单词”并不比“每天背5个单词”更容易升级成

习惯。要想将背单词养成每日必做的习惯，重复每日背诵单词的次数和坚持的时间跨度才是真正的关键所在。当你规定自己每天只背5个单词，看似行动量很小，但依旧是在重复背诵单词这个行为，因为执行起来很容易，所以就能长期坚持下去，直至养成习惯。到那时，背诵单词就不再是刻意为之的行为，再增加任务量就会轻松很多。

你可能会说："一天背5个单词也太少了，这种学习进度太慢了，根本没什么用。"一天背5个单词看似很少，但实际执行起来每天都可以做到，甚至每天都能超额完成，并且渐渐地将每天背诵单词变成了习惯，这样日积月累的收获并不小。但如果你像之前的我那样，规定自己每天背50个单词，你很有可能在第一天就选择了放弃，并由此引发颓废与放纵。计划制定得再多，如果不去完成也只是废纸一张。

## 第七节 请管好自己的想象力

2018年，我国90后短期消费贷款超过3万亿，约占全年短期贷款总规模的三分之一。2019年，《90后人群消费趋势研究报告》中指出，90后是名副其实的“剁手”一族，“买买买”是他们的日常，超前消费是90后的常态。

2020年，支付宝发布了《年轻人消费生活报告》，该报告显示，中国近1.7亿90后中开通蚂蚁花呗的人数高达6500万，也就是说，平均每10个90后中就有近4个人在使用蚂蚁花呗超前消费。

90后之所以敢花钱、敢透支消费、敢享受，和市面上众多消费金融软件推出的分期免息购物、小额短期贷款等产品有着不可分割的联系。网络上曾流传着一个关于美国老太太和中国老太太的故事。故事大意是：一位美国老太太用贷款的方式买了新房子，临死之前终于将贷款结清。虽然她每月都要还贷款，但这位老太太很早就住上了大房子，在能力范围之内提高了自己的生活质量，该享受的都享受了。一位中国老太太也想改善居住环境，于是一直省吃俭用，好不容易攒够钱买了房子，还没来得及入住就去世了。

很少有人会去判断这种心灵鸡汤式的段子到底是真是假，在众多微信公众号爆文的包装下，它原本想要传达的理念已经完全失真。不舍得花钱就是不爱自己；没有最新款和限量版就是“土”，就无法融入社交圈；不超前消费就是不懂得“珍惜当下，享受人生”……在这种“消费主义”的洗脑之下，很多年轻人都过上了“精致穷”的生活，消费远高于工资，身着大牌服饰，兜里却比脸还干净，就指望着领了每月的工资来还上个月的欠款。

第一天看到最新款的数码产品，可是囊中羞涩，发现能分24期免息购买，于是果断下单。第二天看到有大牌包包打折，同样支持分期购买，于是马上扫码支付。就这样一单叠加一单，每月滚动还款的金额变得越来越大，终有一天将沉浸在虚荣中的自己惊醒，但那时的自己已经骑虎难下。原本每月还能够按时还款，最后只能勉强将每月最低还款额补上，甚至还可能发展成“拆东墙补西墙”，这边借那边还，债务窟窿越来越大。

融360平台2019年的问卷调查显示，从年龄上看，贷款人群中

90后占比最高，达49.31%；根据汇丰银行的调查显示，中国90后一代的债务与收入比已经达到1850%，该群体在各种贷款机构和信用卡发行机构中的人均债务超过12万元。

不要认为这种行为与学习无关。冲动消费、透支购买的行为同样是陷入了“即刻奖励”的陷阱之中。看到自己喜欢的东西就想要马上得到，根本不愿意等待和思考。从本质上讲，之所以会产生这种问题，依然是面对诱惑时自控、自省和延迟满足的能力不足所导致的。

美国金门大学的营销学和心理学研究人员曾描述过人们冲动消费时的心理历程。“在购物之前，人们会做出丰富的心理准备，伴随着购物过程，人们会自然而然地想象他们在使用这些新物品时的情景，同时也在设想着未来的新生活，这会让人产生对未来的美好期许，不禁高兴起来。”

由此可以看出，促使我们不假思索地按下付款按钮的并不是商品本身，而是我们在看到该商品的描述文案和介绍时已经开始发挥的想象力。想象力告诉我们这件商品能够给自己带来许多好处，创造了一种虚拟的高期待，让原本理性的自己变得冲动起来。

看到“女神”在推荐一款色号百搭的口红，你就幻想着自己抹上之后瞬间变得光彩照人，男朋友都变得殷勤不少；看到某品牌推出了最新款的手机，你就幻想着自己拿在手里，身边的同事和朋友都很羡慕，马上觉得自己“高人一等”，走在潮流的前列；看到直播中介绍用某品牌的烧烤架烤出来的串串又嫩又好吃，还没有油烟，你就幻想着和家人、朋友一起用它烤肉的样子，嘴里的口水瞬间分泌，越想越馋……

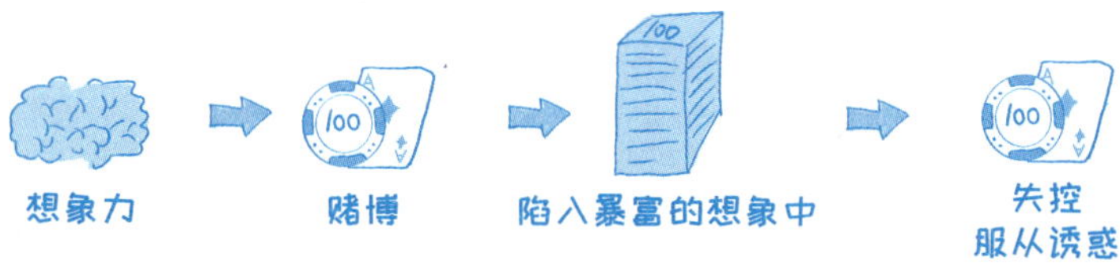


想象力是多巴胺的催化剂
将想象力投射在哪个方面，就会增加哪方面的渴求感

等到你透支消费之后如愿以偿地得到了心心念念的口红、手机和烧烤架，用了几次之后发现并没有期待中的效果，甚至有些失望、后悔。于是告诫自己下次一定不能再冲动“剁手”，可等到下次再看到某款商品时，你又会犯同样的错误。

可见，当诱惑来临时，人一旦陷入了想象和憧憬之中，就会变得不再理性。“冲动小人”就像是吃了兴奋剂一样，跳着告诉你：“现在就要得到它！”

丹尼尔·伯莱因是加拿大著名的认知心理学家，他根据多年的研究发现，事物对人们的刺激效果主要取决于我们在脑海中是如何呈现它的。同样一件事情，我们既可以关注它具象的一面，也可以关注它抽象的一面。关注的方式不同，对大脑的刺激也不一样。

比如，你面前摆放着一杯奶茶，从具象的角度观察，奶茶有着浓郁的奶味和茶香，喝上一口，丝滑香甜，还能吃到软软糯糯的珍珠、筋道可口的椰果……怎么样，你的大脑是不是已经进入了想象模式，还忍不住咽了下口水？下单买杯奶茶的心思是不是已经蠢蠢欲动了？

当然，我们还可以从抽象的角度去观察。奶茶中的奶大多是植脂末冲调的，含糖量高，脂肪含量高，经常喝奶茶容易导致肥胖，增加心脑血管疾病、糖尿病等患病风险。

再感受一下自己现在对奶茶的感觉，那种跃跃欲试的冲动是不是已经少了很多呢？

这就是在面对诱惑时有效达到延迟满足的第一个小技巧。通过观察和思考，尽量去关注事物的抽象性、信息性、负面性的那一面，这就相当于给“冲动小人”无情地浇上了一盆冷水，该事物的诱惑力就会大大减弱。千万不要让自己陷入“有了它之后”的想象和憧憬，那样就相当于在大脑中扔了一颗能快速分泌大量多巴胺的炸弹，让自己的意志力迅速失守。

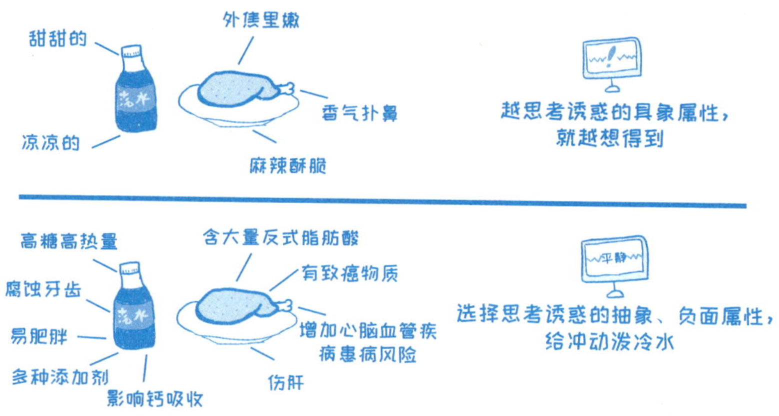


这两年我父亲的身体一直都不是很好，不到一年半的时间就做了三次手术，因为身体太虚弱，每隔一段时间就要去医院调养。平时我下班之后就要去医院陪床，这对我来说是生理和心理上的双重折磨。白天工作很忙，晚上还要照顾病人，睡也睡不好，只能窝在陪护床上凑合一晚，第二天继续上班，身体很疲惫。看着病床上的父亲日渐消瘦，作为女儿的我却一点忙也帮不上，那种无力感和恐惧感让我的精神更加痛苦。正常来说，我应该会变瘦，可没想到我却胖了整整10斤，不知道内情的人还以为我是“幸福肥”。

平时心情不好，又过于焦虑，我能排解压力的方式除了吃就是坐在病床前一有时间就玩手机。原本制定的下班后的写作计划迟迟未能开始，渐渐就养成了习惯，不陪床的闲暇时间我也会习惯性地玩手机，根本不想坐到书桌前码字。

我想，很多小伙伴都有同样的感受吧。明明有时间看书刷题，却根本没有意志力和执行力。玩手机、吃油炸食品这种即刻就能获得满足的选项真的太有诱惑力了，一想到这些，脑海中就忍不住浮现出自己躺在椅子上，拿着手机刷短视频被逗得哈哈大笑的画面，那种自在、舒适、愉悦、安逸的感觉瞬间将“理性小人”打得落花流水。此时，在想象力的驱动下，真的很难督促自己再去想未来更大的回报，果断拒绝摆在眼前触手可及的快乐。最后的结果就是我一边在心里责骂自己，一边开心地玩着手机。

终于，在编辑不断催稿之下，我痛定思痛，发誓要将这个坏毛病改掉。我的方法是：在面对手机时只想它抽象的、负面的那一面——手机只是通信工具，它能够上网，提供给我很多信息，但也会占用、浪费我大量的时间，消磨我的意志力，在无声无息中毁掉我的前途。我不再去想自己玩手机时的感觉和画面，不去想手机刺激的那一面，不去用想象力感受“有了它之后”的感觉，这样做的确会降低我使用手机的欲望。

与此同时，我还从前任发在朋友圈里吃喝玩乐的照片中挑选出对我刺激最大的一张，将其设置成手机屏保。这样，我一打开手机就能看见他那张“大饼脸”，玩手机的心情瞬间就没有了，直接

“化悲愤为力量”，打开电脑开始码字。

既然当我们将大脑的注意力放到事物具象的、感性的那一面时，大脑会通过想象使用它的感觉和效果让我们变得情绪化，增强它的诱惑性，那么，我们同样可以将其运用到有意义的事情上来激活自己的执行力。

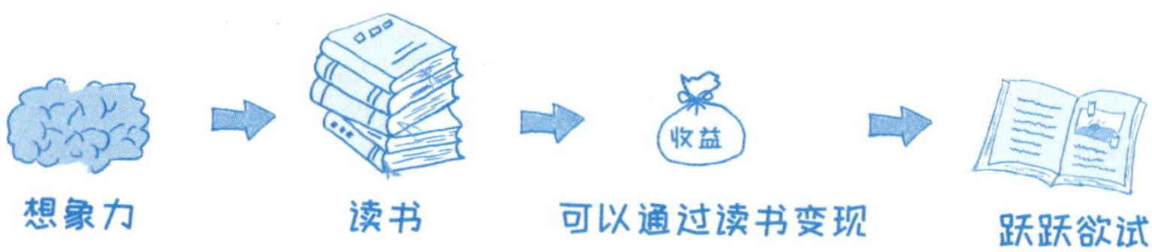


想象力是多巴胺的催化剂
将想象力投射到有意义的事情上，就会激活执行力!

当我不想坐下来孤独地读书写作时，我就会尽量想象它诱惑性的那一面。比如我写出来的文章会被制作成一本本精美的图书，放到书架上，被喜欢它的人购买。还会有网友在我的作品下评论，鼓励我、支持我。我的文字还能够帮我赚钱，我可以用这笔收入旅游、享用美食、买好看的衣服和包包，等等，真是越想越开心。于是，我便摩拳擦掌准备开始码字。

想象力对行动的刺激作用是立竿见影的，就看你使用的方法是否正确。在诱惑面前，尽量不要将想象力投放到刺激的那一面，而要将其抽象化甚至负面化，这样就能起到抑制即刻满足的作用。在做自己应该做的事情时，则可以将想象力和期待的奖励结合在一起，憧憬当自己这样做之后未来能够获得哪些回报。这样，在未来奖励的诱惑下，你对它的渴望就会变得炙热起来，就会想要马上付出行动。

## 第八节　发布“肯定句”指令，让大脑忙于新任务

乔治·普莱尔是一名生活在美国洛杉矶的五十多岁的视频博主，因为他平时喜欢健身，生活作息良好，所以身体状态很好。某天，他突然有了一个十分疯狂的想法：如果自己在30天内平均每天喝10罐碳酸饮料，身体会发生怎样的变化呢？

一罐碳酸饮料是330毫升，平均每天喝掉10罐，这对平时不怎么爱喝饮料的他来说还真是一个不小的挑战！为了能直观地观察实验效果，他每天都会测量体重、体脂率和血压，并用照片的形式记录数据。

在开始这场“作死”挑战前，他的体重为76千克，体脂率为9%，血压为129/77，身体状况很不错。挑战开始一个月后，他的体重暴涨到86.4千克，体脂率也从原来的9%增长到了15%。不

仅如此，他还将自己喝成了高血压，血压从原来的129/77变成了145/96。在开始这项挑战之前，他拥有完美的身材和健硕的肌肉，一个月后，他多年的健身成果毁于一旦，换来了一身松松垮垮的肥肉。

这是一场不值得推荐的实验，但足以看出，长期喝碳酸饮料会造成肥胖、增加罹患心脑血管疾病的风险，等等。可即便如此，仍然有很多人喝碳酸饮料成瘾，每天乐此不疲地开怀畅饮。渴了就喝碳酸饮料，一天不喝就浑身难受。难道他们不知道长期喝碳酸饮料对身体有害吗？难道他们不想戒掉这个坏毛病吗？可是，一想到从冰箱里取出一瓶冰镇碳酸饮料，喝上一大口，然后心满意足地打一个嗝，之前的种种心理建设和誓言就通通烟消云散了。

我在第四节中讲到了延迟折扣效应，即当一项正面性的结果需要经过长期积累，在未来的某个时间节点才会逐渐体现出来时，我们在主观上感受到的价值就会因时间的推移而大打折扣。同样，当一项负面性的结果在未来才会显现时，它所带来的震慑性也会因时间的推移而被稀释，甚至让人心存侥幸。

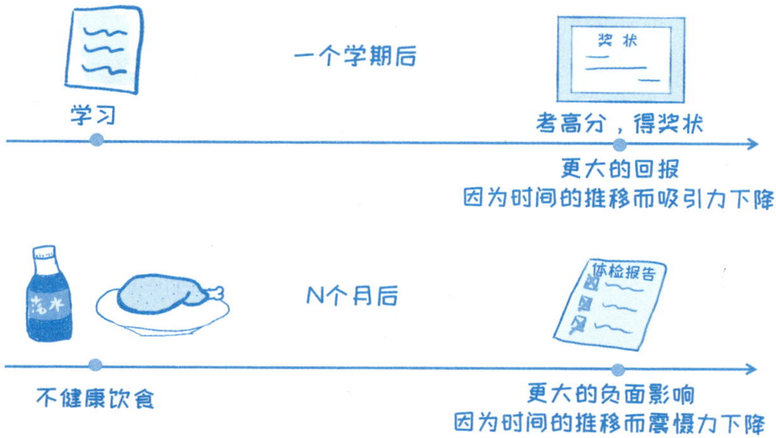


于是，太多的人毅然决然地选择了在当下过足瘾。

生活中有各种各样的“快感成瘾”，当我们发现自己深陷其中时，如何才能逃离出来呢？

我们在抵抗诱惑的干扰时往往会不自觉地将注意力放到“不要做”某事上。比如，我绝不能喝这罐可乐，我不能再玩手机游戏了，我不能再看小说了……我们试图通过不断告诫自己不要做什么来让自己恢复理性，从而让自己去做应该做的事情。可实际上它的效果非常有限，有时甚至会适得其反。

想必大家都有过这样的经历，越不想让自己想起什么，越不想让自己做什么，这件事情就越是在脑海中挥之不去。这是为什么呢？因为大脑并不擅长过滤否定词。你可以做个小测试，不断地告诉自己在接下来的十分钟内千万不要想“红色”，然后你就会发现，越念叨这句话，你的大脑就越会不受控制地闪现出红色。当你向大脑下达这个指令时，它会自动屏蔽掉“千万不要”，于是你的注意力就都集中在了“红色”上。

这样一来，“我绝不能喝这罐可乐”就变成了“喝这罐可乐”，“我不能再玩手机游戏了”就变成了“玩手机游戏”，“我不能再看小说了”就变成了“看小说”。

当注意力投射到某件事物时，大脑就会自然而然地引发联想，不由自主地关注该事物具象的、刺激的一面，开始想象有了它之后的感觉。我之前说过，如果在面对诱惑时有意或无意地发挥自己的想象力，那简直是自投罗网。

法国著名心理学家爱弥儿·柯尔发现了一个重要的心理学定律，即反转定律。它是指当你的想象和愿望发生冲突时，你的想象总能占据主导地位[1]。

当你不断告诫自己不要再玩手机游戏，赶紧去看书时，你的大脑注意力反而会集中在“玩手机游戏”上，然后很自然地对“玩手机游戏”这个行为开始了想象。虽然你的愿望是去看书，但想象力却和愿望本身不一致，此时再一个劲儿地使用意志力来敦促自己，只会快速消耗掉“理性小人”的力气，让自己倍感无力与挫败。

[1] 约瑟夫·墨菲. 潜意识的力量[M]. 吴忌寒，译. 北京：中国城市出版社，2009.

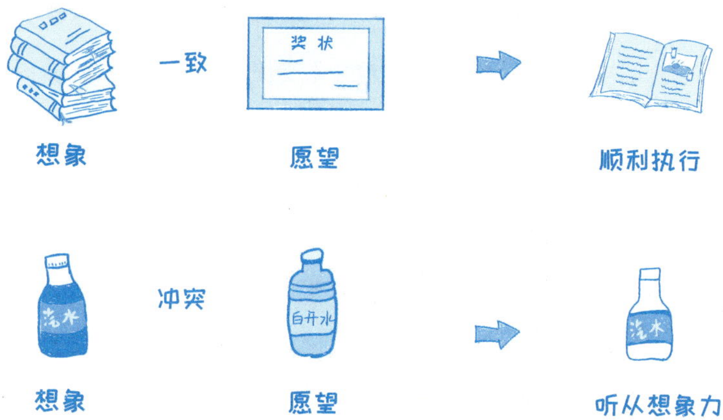


几年前，我也是一名重度可乐爱好者。因为之前长期喝可乐，再加上口腔清洁工作没有做到位，导致我长了两颗龋齿。在修补牙齿时，我疼得龇牙咧嘴，眼泪哗哗地往下流，付款时一看价格，更是钻心的疼。

那我又是如何成功地戒掉可乐的呢？其中有一个很有效的技巧，就是不去重复“不要做什么”，而是直截了当地向大脑发布自己“要做什么”的命令。这件事情最好是自己感兴趣的、有趣的、能够引发想象力的。

我平时特别喜欢玩乐高、拼图等拼装玩具，还喜欢在手机上看相关的视频。于是，我规定只要大脑浮现出喝可乐的念头，就马上引导自己拿出手机看拼装乐高的视频。至于该不该喝、什么时候喝、喝多少，这些通通不去想。

原先抵抗可乐诱惑时，我都是一直告诉自己“现在不能喝可乐，喝可乐对牙齿不好”，即使提醒自己许多次，只要一想到喝可乐时的愉悦感觉，意志力还是会马上投降。现在，我已不再妄想动用意志力让“理性小人”将想喝可乐的“冲动小人”打败了，而是直接转移注意力，将其放到我的另一个兴趣爱好上——拼乐高和看相关的视频。看了五六分钟后，我也就将喝可乐这件事置之脑后了。通过这种“分心引导”的方法，我可以轻而易举地将某种即刻满足的欲望消解掉。

在面对诱惑时不要总期盼着使用意志力战胜“冲动小人”，那是白白浪费力气的做法。你完全可以从“到底现在喝不喝可乐”这场无休止的纠结中跳出来，给大脑双手奉上第三种选项，这样就可以轻松转移“冲动小人”的注意力。我经常重复使用这个方法，一有喝可乐的念头我就会这样做，现在的我只会偶尔喝一点可乐，这是过去的我根本无法想象的事情。

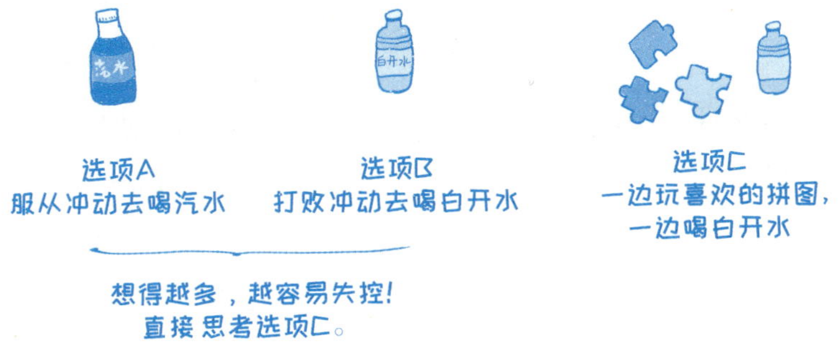

在棉花糖实验中，沃尔特·米歇尔发现“分心引导”是很多成功战胜即刻满足欲望的小朋友都会使用的一招。例如，有的小朋友会摆着脑袋，唱着小调；有的小朋友会直接趴在桌子上闭目养神；有的小朋友会自创一些小游戏，玩得不亦乐乎……

这些做法从表面上看千奇百怪，实际上都是在想方设法地将自己的注意力从桌上的零食转移到自己感兴趣的其他地方。他们不会让自己单纯地陷入等待，因为那样做的话，即便表面上看起来不动声色，但内心一定在“天人交战”，越抵抗诱惑就越会关注诱惑，越会引发想象，从而最终让“理性小人”举手投降。

实验人员将这招教给了其中的一些孩子，并建议他们在等待时主动去想象一些有趣的事情，比如“妈妈推着我荡秋千，上去下来，上去下来……”通过数据对比，实验人员发现，当独处于“惊喜屋”等待实验人员归来的小朋友主动发挥自己的想象力思考一些有趣的画面来转移自己的注意力时，他们的等待时间平均多出10分钟以上，即便摆在眼前的是自己伸手就能拿到的最爱的零食。

如果生活中的你正在被某种短期快感成瘾折磨，或是一遇到诱惑就无法自控的话，可以多多使用这一招。它使用起来非常简单，第一个原则是不要和诱惑本身正面对抗。你越是下定决心不做什么，越容易让这件事情占据你的思想。在“理性小人”和当下诱惑的战役中，重点永远不是“该不该做”“何时去做”，而是尽快中断对当下诱惑的关注。第二个原则是明确告诉自己现在要做什么，主动让自己分心。你只需要将自己的注意力引导到其他地方，可以是自己平时的兴趣爱好，也可以是纯粹“逗趣”的天马行空的想象。当你这样做时，会发现原本强大到根本无法战胜的诱惑像是被抽走了空气的气球，瞬间萎缩。

## 第九节 珍惜你的注意力，并将其用在刀刃上

刘擎教授在《十三邀》的采访中说过这样一段话：“我发现我的学生，现在他们的阅读能力下降了。我有段时间做系主任，当时有一个很强的理想，就是说大学（生）不管怎么样，你要读一定数量的经典读本，我当时有（要求读）24本书，三周读一本，（这）应该不是一件特别困难的事情，但是他们其实是有障碍、有困难的。因为太多的时间花在阅读微信和其他社交媒体上面，不同的信息、资讯、笑话、段子、小视频，会被这个带着走，然后每个时刻都是喜悦的，这样就导致一种成年人的或者青年的童稚化，儿童的童，幼稚的稚。童稚化的标志就是（无论）干什么我们不太能够延迟满足，他（们）沉湎于大量的、丰富的、好玩的、有意思的资讯，当然这方面让他们变得比我们见多识广，但是我们任何一种成

长，它要求一种深长缓慢的阅读，长程的、深入的这样一种思考，而不是短频快，你作为一个（手机的）重度使用者，你可能读了很多很多东西，最后你发现你茫然若失，你不知道自己获得了什么，（思想）变得贫乏了。”

身处于海量信息时代的我们是幸运的。我们获取信息的方式多种多样，只依靠一部手机便可以足不出户而知天下事，各种新奇好玩的信息吸引着我们的眼球，撩拨着我们的好奇心。但如若缺乏一定的自控力，阅读时没有目的性，读的过程中没有思考和实践，那就完全是被信息牵着鼻子走。这会营造出一种虚假的充实感，让人产生一种每天都很忙碌，学到了很多东西的错觉。但实际上，我们阅读的内容绝大多是快餐式的资讯或娱乐信息。值得注意的是，习惯被各种有趣信息“喂养”的我们不仅会排斥思考，而且还会变得越来越没有耐心，很容易在不知不觉中让自己的眼界变得越来越狭隘，最终将自己桎梏在如蚕茧一般的“信息茧房”之中。

看似自由徜徉在信息海洋中的我们，其实都在被算法控制着。各类手机应用软件所推崇的智能化信息推荐机制，看似投其所好，满足了人们个性化、多元化的需求，让我们能看到自己想看的、感兴趣的内容，但实际上这种推荐机制也让我们失去了很多。

当你在手机上搜索了某个关键词，查阅了相关资料，然后打开网购软件，便会发现它已经“贴心”地帮你推送了相关产品的信息；看了带有某个关键词的文章或短视频，随手点了个赞，写了条评论，再刷新页面时平台就会马上推送更多相似的内容。冷冰冰的网络成了最“懂”你的人。它知道你平时喜欢看什么、爱买什么、会搜索什么、购买力如何，然后基于这些信息对你进行针对性的推荐和反馈。这种偏好性的推荐同时也是一种过滤，它让你一直沉浸在自己想看的、喜欢的、认同的信息世界中，错过了那些你不知道、不感兴趣、不认同的信息。时间一长，就会导致你接受信息的维度越来越窄，在不断的重复和证实偏差中将自己封闭在一个固有的认知环境里，就像一只坐井观天的青蛙，以为抬头看到的就是整片天空。

哈佛大学法学院教授凯斯·桑斯坦提出了回声室效应，它是指在一个相对封闭的环境里，当一些意见相近的声音被不断重复时，容易令处于该环境中的大多数人认为这些信息就是事实的全部。

表面上，我们的眼界会因为互联网的高速发展而变得开阔和包容，但事实上，我们很有可能已经置身于一个相对封闭的、同质化的、狭隘化的“回声室”中而不自知。

你一定有过这样的经历吧！刚在书桌前坐下，打开课本准备刷题或是看书，不到五分钟就听到了手机的提示音响起，于是顺手拿起手机看了看，发现是某平台推送的一条新闻，新闻的标题让你很好奇，于是你点击进去看了一下，看完刷新后又出现了更多有趣的内容。好不容易让自己退出的时候又看到了微信消息提醒，于是又下意识地点了进去，开始刷朋友圈。十几分钟后突然想到自己的洗面奶快用完了，于是又打开了淘宝……一通操作过后瞥见了眼前的书，于是赶紧放下手机，可还没翻几页就已经打起了呵欠。实际上，坐在书桌前的几个小时中，大多数时间自己的注意力都浪费在了手机上，根本没进入学习状态，更别谈学习效率和收获了。

在学习或工作时如果被打断，想要重新进入状态是需要恢复时间的。就像正在运行的电脑突然被关闭，要想让它重新运行则需要再次开机，等待十几秒。而人的“重新启动时间”远没有电脑那么高效，如果人们进入工作状态后被干扰打断，要想重新恢复到之前的状态平均需要25分钟。因此，不要小瞧在你看书学习时滴滴作响的手机、摆在桌子上的手办和杂志、电脑里时不时弹出的对话框……看似处理它们只需要花费几分钟，但每次打断都是对自身思考状态的干扰，你需要花费更多的时间来让自己重新变得专注。浏览干扰你的新闻花费了一分钟，接着下意识阅读了更多相关内容，花费了半小时。放下手机才发现自己脑海里全是刚才看过的内容，只能重新寻找之前看书时的思考痕迹，这样又用了20分钟。因为阅读一条推送新闻，前前后后浪费了近一个小时。当下一次手机提示音再次响起，你又会忍不住继续重复上述操作，这是对时间、注意力、意志力的一种极大浪费。

有时间不代表有注意力。想想每天晚上捧着书打瞌睡的你，本来时间很充裕，但你就是看不进去，感觉大脑已经停转。明明书上的每个字你都认识，但放到一起之后就是看不懂作者到底想要表达什么。每个人每天的注意力走向和意志力变化是相似的，大多数人都是早晨最好，工作、学习一天后晚上最差。虽然休息一段时间后注意力会有所恢复，但总体来说，一天当中随着时间的推移，注意力的质量会越来越差。

英国高效培训师格雷厄姆·阿尔科特在《高效忍者》一书中将注意力分为三种类型：主动型注意力、积极型注意力、不积极型注意力。[1]

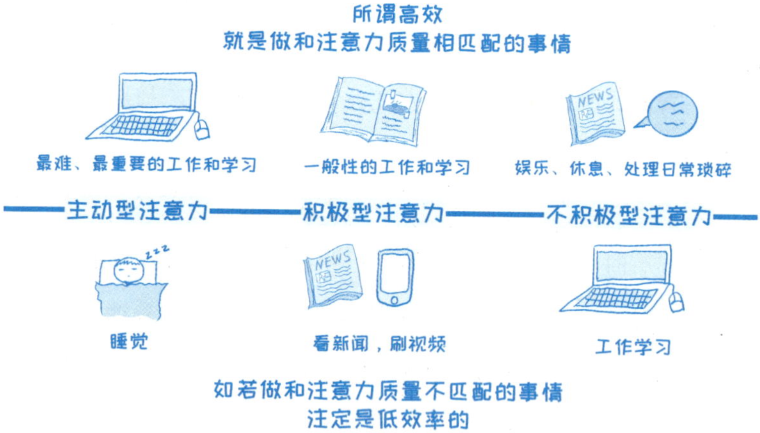


[1] 格雷厄姆·阿尔科特. 高效忍者[M]. 李文怡，易汕，译. 南昌：江西人民出版社，2019.

主动型注意力能让我们全神贯注地思考，达到最佳的工作、学习状态。建议在此期间去完成那些重要的、疑难的任务，如做出重大决定、攻克重要项目、提升技能、进行深度思考、完成创造性工作，等等。

积极型注意力的价值则低于主动型注意力。在此期间虽然也能够投入工作与学习中，但是劲头容易消退，状态一般。

不积极型注意力的质量最差。常常体现为感觉自己无法集中注意力，大脑好像生锈了一般，看似在看书，实则在神游。

我们每天的注意力都是有限的，尤其是主动型注意力和积极型注意力。要想高效学习，就必须将优质注意力用在刀刃上，去完成重要的工作、学习任务，而不是每天浑浑噩噩地将优质注意力浪费在浏览快餐式信息上，然后强迫自己在不积极型注意力状态下挑灯夜战。

### 一、了解自己每天的注意力“额度”，并根据注意力分布情况分配任务

刚才我讲解了注意力的大致走向，但了解大体的趋势还远远不够。因为注意力分布存在个体差异，我们需要了解自己每天的注意力“额度”大致有多少，以及不同类型的注意力大致处于哪些时间段。我的经验是：在观察记录期间不用刻意努力，因为我们需要记

录的是注意力“额度”的下限，而不是偶尔一次的最佳状态。

具体的观察记录方法如下：

（1）拿出一张纸或是一个小记事本，记录自己每天各个阶段注意力状态的数据。从早晨醒来开始记录，到晚上睡觉前结束。

（2）可以先记录自己每天的日程安排。大多数人每天的作息都是有规律的，只有先弄清楚自己每天的作息规律，才能从中找到可以利用的空闲时间或是存在的问题。

（3）每完成一项活动都要记录起止时间、完成状态和效果，并以此判断该时间段内自己的注意力属于哪个类型。

（4）观察时间为一周，这样可以从中看出你在工作日和休息日的作息规律，还能根据时间段和工作效率大致分辨出你的注意力类型及变化情况。

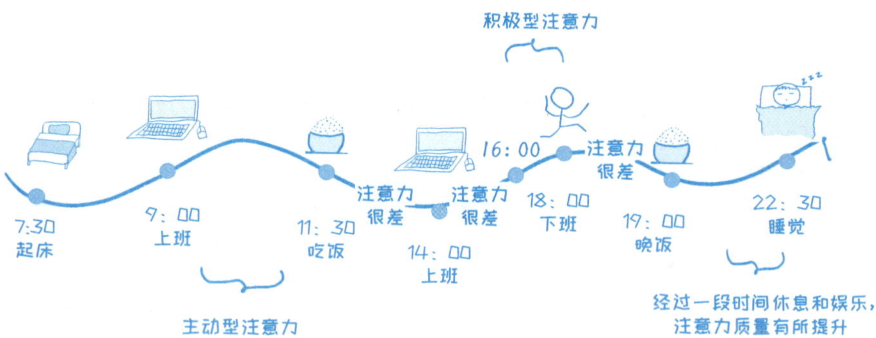

举个例子：工作日我一般7点30分起床，9点到公司，11点30分到14点为午饭和休息时间，18点下班，晚上的时间自由安排，22点30分睡觉。

通过观察，我发现自己在9点到11点期间的注意力状态是最好的，为主动型注意力；16点到18点为积极型注意力；午饭后到16点、晚饭后到睡觉前为不积极型注意力，但在吃完晚饭休息、娱乐一段时间后，我的注意力的质量可以得到一些恢复。

摸清楚各类型注意力的出现时间和时长后，我们就可以以此安排自己每天要完成的工作了。在状态最好的时间段去完成最难的、最重要的、需要进行深度思考的任务；状态一般时则可以去完成一般性的工作，比如搜集资料、看课外书等；状态最差时则可以去完成那些简单易行的任务，比如打印文件、收发邮件、收拾整理，以及运动、娱乐等。

很多小伙伴之所以很抗拒自律，是因为他们觉得要想自律就需要拒绝一切娱乐和放松。这是对自律最大的误解。养成自律和延迟满足其实是在锻炼自己主动自控、主动养成习惯、主动有节制地满足欲望的能力，娱乐和休息是很正常的生理需求，我们可以尽量将休闲娱乐安排在不积极型注意力的状态下，而将优质注意力分配给工作和学习，这才是真正的劳逸结合。

## 二、学会保护自己的优质注意力，尽量减少外部干扰

我发现很多人为了改掉坏习惯所使用的方法其实并不适合自己，因为这些方法大都是脱离实践的臆想的产物。坐在那里假想着自己的问题是什么，障碍是什么，应该如何解决，这样设计出来的方法自然很容易和实践脱节。

那么，正确的方法应该是怎样的呢？如果你想要了解自己在主动型注意力和积极型注意力期间工作时还有哪些难以注意到的分散自己注意力的地方，那么你最好在工作时多留个心眼观察自己。你会发现有可能是时不时弹出的微信、QQ消息让你不自觉地打开、回复；有可能是你在搜索资料时浏览器推送的各种热点或是有趣的弹窗；有可能是摆在桌子上的手机总是震动，提醒你关注的UP主又更新了；也有可能是你不经意间瞥到手机软件上出现的小红点，感觉不点击更新心里面就会不舒服；当然还有可能是杂乱的桌面，或是好不容易进入工作状态又发现废纸篓满了、桌子上的花该浇水了……

观察到问题后，请拿出一张便签将问题快速记录下来，然后继续工作。完成任务后再去回顾刚才记录的问题，然后对症下药。

QQ、微信、邮件、微博等的消息提醒可以在工作或学习前切换成静音模式，完成工作后统一处理。也可以打开手机的设置功能，找到通知选项，在这里直接管理已安装应用的通知权限。我会

将所有软件的通知全部关掉，没有它们的提醒和“召唤”，顿时感觉整个世界都安静了，自己不自觉玩手机的时间一下子减少了很多。

我在学习时总会控制不住地想刷微信朋友圈，于是每天开始任务前我都会提前打开微信，将朋友圈等功能关闭。具体的方法是：进入微信后点击“我”，选择设置，选择通用，选择发现页管理，里面汇集了所有发现页的入口。看看其中哪些是抢夺你注意力的“小偷”，然后狠下心来将其关闭吧！

**三、利用“小课时法则”提高执行效率**

要想让学习和执行变得高效，前提条件是要让自己的注意力变得集中且稳定。想要达到这个目标，需要做到以下两点：一是要向大脑发出明确、具体的指令。任务设定得越具体就越容易进入全神贯注的高效思考模式。但计划不能过于繁杂，最好是一个时间段只专注完成一件事。二是要学会主动给大脑“放假”。教育心理学研究表明，一个人的注意力持续集中时间约为20~30分钟，超过这个时间后大脑就会感到疲劳，导致思考效率下降。

我推荐大家使用“小课时法则”来提高自己的专注力和执行效率。什么是“小课时法则”呢？我们上学时一节课通常是45分钟，而小课时一般是20~30分钟。我们可以将自己的时间按照小课时进行划分，每个小课时完成一项具体的任务。在规划任务时可以将其梳理成一个个明确的步骤并写在便签上。规定自己每完成一个小课时的工作后可以休息10分钟，放松一下。需要注意的是，休息的方式最好选择闭目养神、站在窗前远眺、起身活动活动脖子和腰背等，而不是玩手机。游戏、短视频、娱乐八卦等强刺激性的内容很容易将沉浸在思考中的大脑拉回到纷繁复杂的现实中，这样在进行下一个小课时工作时，大脑就需要更长的重启时间才能找回之前的状态，实在是得不偿失。

可能有人会说：“这不就是番茄工作法吗？一个番茄时间代表25分钟，完成一个番茄时间后休息5分钟，完成4个番茄时间则休息15分钟。”

“小课时法则”在时间划分上和番茄工作法差不多，但它有一个极其重要的原则，即在每个小课时开始之前需要先在纸上写下当前要完成的具体任务。如果遇到复合型任务，还必须写下具体的执行步骤，就像老师在上课前需要明确教学任务一样。

举个例子：你想写一篇文章，并规定自己每写20~30分钟就休息5~10分钟，但这并不能让你的写作变得高效起来。因为写作是一项复合型任务，若只向大脑发出“写一篇文章”的指令，大脑依旧会处于不知所措的状态。

这篇文章的选题、主旨是什么？这篇文章写给谁看？我为什么要写这篇文章？这篇文章需要哪些方面的素材？这篇文章的提纲是什么？这篇文章的开头、正文、结尾分别是什么？这些都是写作时需要解决的问题。

“小课时法则”就是要明确在接下来的20~30分钟里你的执行重点到底是什么，并且最好是细化到具体的执行步骤。比如，你在第一个小课时中要集中完成以下几件事情：确定这篇文章是写给谁看的，我为什么要写这篇文章，这篇文章的选题、主旨以及文章的结构是什么。

这样明确具体的指令就像是一幅清晰的藏宝图，能让大脑快速找到方向，节省很多因不知所措而迷茫混沌的时间。

### 四、有目的性的准备和预习可以有效提高注意力的稳定性

注意力的稳定性是指对投射到选择对象的注意力能够稳定地保持多长时间的特性。注意力维持的时间越长则越稳定。要想提高注意力的稳定性，就必须提前进行有目的的准备。

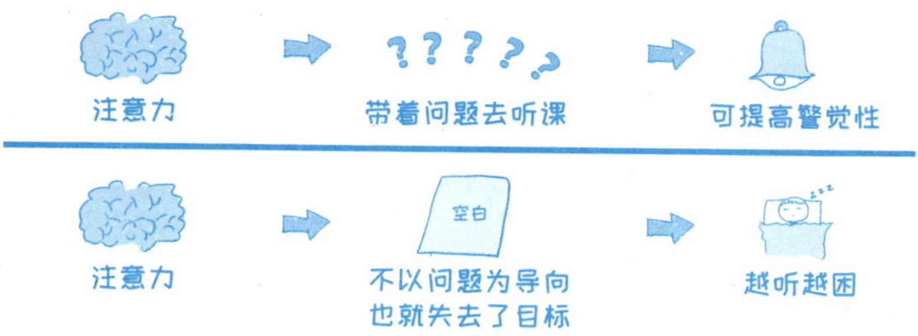


就拿课前预习来说，很多人上了这么多年学，却对为什么要预习仍是一知半解，只知道老师和教育专家都说预习很重要。人的注意力很难长时间稳定在一件事情上。一堂课45分钟，你是无法专心致志从头听到尾的，即便你内心十分渴望自己能够做到。

这是客观事实。那该如何解决这个问题呢？答案就是提前进行有目的的准备，去预习。先搞清楚自己哪里不会，哪些部分是重点和难点。心里揣着听课的小目标，带着问题去听，就好比在大脑中

植入了若干个“小警铃”，一听到老师讲到相关内容，“小警铃”就会敲响，然后用较为优质的注意力去吸收。漫无目的地听课很容易从一开始的全神贯注变成打瞌睡或读秒下课。有了明确的目标，大脑就有了警觉性，自然知道该如何调配注意力，将优质注意力用到最该使用的地方。

## 第十节　当放弃成为一种习惯

恋爱中的女人对这两句话肯定非常熟悉："男人的嘴，骗人的鬼。""宁愿相信世上有鬼，也不相信男人那张破嘴。"

对尚不清晰的未来夸下海口，许诺自己会如何力挽狂澜，这件事光听起来就知道有多不靠谱。所谓的"言语承诺"，其战略意义远胜于真实性，更多时候男生说这些话都是为了讨女孩子欢心，以显示自己有多么靠谱，对这段感情有多么投入。即便再不爱听甜言蜜语的女孩，在听到美好的诺言后也会忍不住为之感动。你看，战略目标已经达到了。

当然，以上稍显戏谑的举例都是为了引出下面的观点——在我看来，人们在面对诱惑时发誓"明天一定要'洗心革面、重新做人'"的信誓旦旦，和男人说的情话是一样的，都是为了哄自己开心，瓦解抵抗意志的。管它真实不真实，你愿意相信，听了之后感到开心就好。它们就是糖衣炮弹，存在的意义只有三个字——逗你玩。

大学刚毕业那会儿我自认为喜欢上了摄影，还专门买了好几本摄影方面的书，打算每天下班后拿出一些时间来学习。但实际上，“斥巨资”买的摄影教材一到手就被我打入了“冷宫”，一年到头都难得翻几次，甚至好几本连塑封膜都没有拆。我也很想学会摄影，一想到自己拿着单反“咔嚓咔嚓”按动快门记录精彩的生活瞬间，我就更加跃跃欲试了。那段时间我几乎每天早上都会严令自己晚上一定要看半小时书，可等到下班回家之后我又感觉身心俱疲，只想刷剧、玩游戏，于是我又暗自发誓明天一定会振作起来，认真看摄影教材，并把这几天耽误的功课通通都补上。即便每次立下的口号都会在次日被无情推翻，即便内心也知道这样的推脱并不具有说服力，但我依旧能讨得自己的欢心，让自己心安理得地忘掉应该做的事情，一头扎进娱乐当中。

由此可以看出，以拖延和放弃为目的的承诺一点也不可信。

通过观察我发现，人们之所以在诱惑面前“兵败如山倒”，是因为只允许自己在“彻底完成任务”和“明天再做”这两个选项中做选择，要么就好好完成，要么就今天先放纵，明天再努力，根本不允许自己只完成一部分。正是在这种“有瑕疵的努力还不如不努力”的错误观念下，人们理直气壮地选择在当下破罐子破摔，然后又很天真地期待明天的完美转变。然而最终结果是，在不知不觉中，我们一遇到诱惑，一有懒惰的想法，就会习惯性放弃，根本懒得挣扎。

我们不是不能选择放弃和拖延，懒惰是一种正常的生理反应，但凡事得有个度。当懒惰成瘾，放弃成为习惯时，由此带来的负面影响是远超我们想象的。我的经验是，当你有了放弃、偷懒的念头时，一定不要急着决定是“振作起来将任务全部完成”还是“今天放纵，明天努力”，结果并不重要。在强迫自己做出选择时，思考和纠结本身就已经将原本不多的意志力给消耗完了，此时出现懒惰的想法也很正常。你可以回应自己的需求，但绝不能立刻满足它。

选项A：
完美地完成全部任务！

选项B：
今日放弃，明日再做！

你是否只给自己提供了上述两个选项？

比如，吃完饭的你该听网课了，但“懒惰小人”一个劲地抗议，嚷嚷着要玩手机。此时你不用刻意打压“懒惰小人”，更不用强迫自己用意志力将懒惰的念头消灭干净，你可以肯定“娱乐和休息”的念头，但要和体内的“懒惰小人”商量，先认真听课20分钟，听完之后再休息。这就好比谈判，双方各退一步，皆大欢喜。当你这样做时，你会发现自己的抵触情绪已经明显减弱了很多。听课20分钟后，你可以继续用这招和“懒惰小人”商量再听10分钟，完成这个任务后你可以奖励自己打一局游戏！最终，你能否将原本计划好的任务完成其实并不重要，重要的是不要一有放弃的想法就立刻举手投降。

也许你会觉得这样做也太软弱了吧，不能打压“懒惰小人”，还要和它商量，甚至还不能保证任务全部完成。和“懒惰小人”签订这种“丧权辱国”的条约也太没有骨气了，这根本不是自律。真正自律的人都会很自觉地完成任务，他们是不会有放弃的想法的！

看到了吗？这依然是虚幻完美主义下的错误认知。太多人就是因为追求所谓的“完美”和“精神洁癖”而被“懒惰小人”一步步“奴役”的。我在网络上分享关于自我提升方面的心得时收到过很多深受拖延症和懒惰折磨的小伙伴的私信，其中大部分人都有一个共同特点，就是无法接受自己有松懈的念头。只要一有偷懒的想法，他们马上就会觉得自己不中用，决心不够坚定，并且打心眼里厌恶自己，总想用严苛的方式打压“懒惰小人”，将“勤奋小人”

骂醒。可越是这样做，他们反而越想逃避现实，越想放纵沉沦。

自律的人并不是超脱到“无欲无求”，也不是在面对诱惑时丝毫不会起心动念，他们也会犯懒、拖延，有这样的想法实在是太正常了。只不过他们不会被“懒惰小人”牵着鼻子走，而是懂得理解和引导自己的想法和需求，鼓励自己再多坚持一小会儿。

最终的结果并不重要
重要的是不要一遇到诱惑就举手投降！

一位马拉松运动员曾公开分享自己夺冠的秘诀。他会在赛前乘车观察一遍跑步线路，将沿途显眼的标志记录下来，比如，第一个标志性地点是一家银行，第二个标志性地点是一座红色的房子……这样，他就将原本漫长的40多公里赛程分解成了一个个短途小目标。等到比赛时，他会回想之前记录的标志，然后告诉自己当前的第一个小目标就是全力跑到银行，完成之后再鼓励自己跑向那座红色的房子，然后以此类推。

当意志力不足时，一味地强调完成全部任务反而是在给“勤奋小人”施加压力，让它扛着一个个沙袋去和“懒惰小人”打仗，结果还没开战就已经累趴下了。因此我们可以将整个任务拆解成一个个小目标，将注意力集中在当下的20分钟，告诉自己可以休息、放松，但要先认真完成第一个小目标，完成之后再休息。通过这种以退为进的方式鼓励自己多走一步。

我之所以让大家不要着急做决定，是因为做决定本身也会大量消耗意志力。你把意志力都浪费在选择“坚持”还是“放弃”的想法上了，自然就没有精力再去督促自己执行。坚持本身并不难，只不过很多时候我们习惯了放弃，一旦被诱惑就选择放弃，然后推脱到明天再努力，久而久之就形成了习惯。

因此，在“懒惰小人”开始占上风时，我们可以答应自己想要休息的想法，但要延迟满足，先认真完成第一个小目标，完成之后休息一会儿再去完成第二个小目标。我们不一定非得把所有任务都完成，但最起码要延迟放弃的念头。

## 第十一节　使用甘特图，让你的计划不再是空话

我平时很喜欢买各种好看的笔记本，基本上都用来写计划书，但是每次翻开都会有一种“心碎”的感觉，毕竟本子中百分之九十九的计划书都沦为了废纸。之所以计划变成了空话，梦想变成了空想，有两个很重要的原因：一是我高估了自身的执行力和意志力，低估了纷杂多变的外部环境可能对自己造成的干扰，从而制定出一份紧锣密鼓，看似很充实，实则能力却跟不上的计划书；二是在制定计划时缺少时间优化，出现了浪费优质注意力的情况，导致执行效率低。是否存在一种一学就会的方法可以巧妙地解决以上两个问题，提高我们计划的执行效率呢？

当然有，它就是甘特图！甘特图是由亨利·劳伦斯·甘特提出的生产计划记录方法。它通过一个个条状图显示生产活动、规划

时间段和当前进度等重要信息。这个简单的、一目了然的图表可以让制定者清晰地知道在某个时间段要完成哪些任务，以及目前的进度，从而提高计划的执行效率。它不仅可以用于企业的项目管理，也是个人时间管理的利器。但我并不推荐大家一上来就用甘特图制定长期计划，毕竟月计划、年计划这种战线过长的“承诺书”会给人营造出一种“时间还很充裕”的假象，也很容易触发我们体内的“三分钟热度基因”。与其制定一个落地性极差的长期计划，不如先确定好大致的方向，然后用甘特图提高每一天的执行效率。

那么，具体该如何使用甘特图呢？

**第一步：在便签上写下自己每天都要做哪些事**

每天的时间一般划分为以下几类：

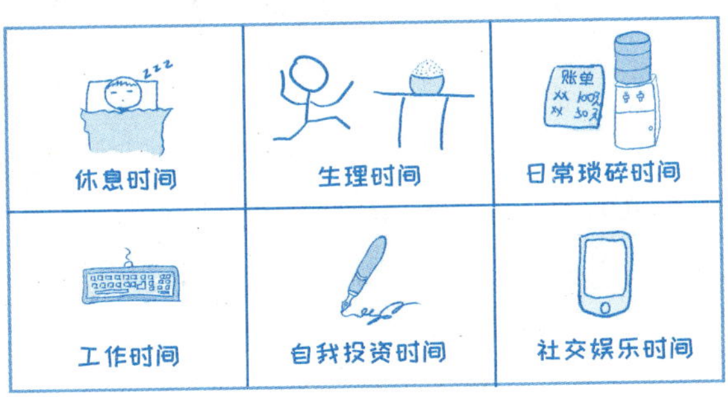


你的时间都去哪里了？

休息时间：比如午休，睡觉等；生理时间：吃喝拉撒、洗漱等；日常琐碎时间：用于处理日常生活中的琐碎事情；工作时间：上班、学习；自我投资时间：下班后用于额外的自我提升；娱乐时间：社交、玩乐。

我们可以根据以上的时间分类确定好自己在一天中的哪些时间段内必须要做好哪些事情，然后将其记录在纸上或是手机的记事本中。比如，明天是周日，我规定自己明天必须完成以下几件事情：午休1小时，晚上11点30分之前上床睡觉；除了早、晚正常的洗漱，晚上睡觉前要洗澡、敷面膜；好好吃一日三餐；洗衣服；写一篇深度思考方面的干货文章；看一个TED演讲视频；和朋友看电影，然后一起吃晚饭。

**第二步：画出时间轴，并预估每项任务所需的时间**

用电子表格画出一天24小时的时间轴，然后预估先前计划的各个项目所需的时间，并将其填入相应的表格。

人们在制定计划时对每件事情所需时间的预估是很容易失真的。一方面是因为人们会高估自身的执行力、意志力以及做事的决心，另一方面又会对外部执行环境保持过于乐观的态度，天真地认为只要自己从明天开始努力，整个世界都会给自己助力，不会再有意外事件来打扰。于是人们在制定计划时就会变成“乐天派”，本能地低估执行每项任务所需的时间。殊不知，看似不起眼的失误却是拖累甚至毁掉整个计划的罪魁祸首。斗志昂扬地制定了一份满满当当的计划，可在次日执行时才发现预留的时间根本不够，原计划30分钟背完单词，实际上却花了整整两个小时，导致后面的任务都得顺延，出师不利就已经够打击士气的了，更糟糕的是老板又在工作群发了一条今天加班的消息……

美国著名认知科学家侯世达在《哥德尔、艾舍尔、巴赫》一书中提出了侯世达定律："实际做事花费的时间总是比预期的要长，即使预期中考虑了侯世达定律。"[1]

因此，在预估时间时千万不要为了做更多的事情而缩短每个任务的时间，更不要将计划制定得一环紧扣一环，否则计划的低容错率会大大限制它的灵活性和落地性。

**第三步：根据重要性和紧急程度来优化任务在表格中的位置**

虽然在一天内必须完成的事情有很多，但它们的重要性和紧急程度是各不相同的。与朋友看电影、吃饭和写一篇关于深度思考的文章在重要性上肯定无法相提并论，因此我们需要对完成任务的时间顺序进行优化，先将紧急且重要的任务找出来，放到时间轴靠前的位置

[1] 侯世达．哥德尔、艾舍尔、巴赫[M]．严勇，刘皓明，莫大伟，译．北京：商务印书馆，1997.

| | A | B | C | D | E | F | G | H | I | J | K | L | M | N | O | P | Q | R | S |
|---|---|---|---|---|---|---|---|---|---|---|---|---|---|---|---|---|---|---|---|
| 1 | | 6点 | 7点 | 8点 | 9点 | 10点 | 11点 | 12点 | 13点 | 14点 | 15点 | 16点 | 17点 | 18点 | 19点 | 20点 | 21点 | 22点 | 23点 |
| 2 | 起床洗漱 | | | | | | | | | | | | | | | | | | |
| 3 | 吃饭 | | | | | | | | | | | | | | | | | | |
| 4 | 洗衣服 | | | | | | | | | | | | | | | | | | |
| 5 | 写作 | | | | | | | | | | | | | | | | | | |
| 6 | 吃饭 | | | | | | | | | | | | | | | | | | |
| 7 | 小憩 | | | | | | | | | | | | | | | | | | |
| 8 | 看电影 | | | | | | | | | | | | | | | | | | |
| 9 | 吃晚饭 | | | | | | | | | | | | | | | | | | |
| 10 | 洗澡面膜 | | | | | | | | | | | | | | | | | | |
| 11 | 看演讲 | | | | | | | | | | | | | | | | | | |
| 12 | 睡觉 | | | | | | | | | | | | | | | | | | |
| 13 | | | | | | | | | | | | | | | | | | | |
| 14 | | | | | | | | | | | | | | | | | | | |

| | A | B | C | D | E | F | G | H | I | J | K | L | M | N | O | P | Q | R | S |
|---|---|---|---|---|---|---|---|---|---|---|---|---|---|---|---|---|---|---|---|
| 1 | | 6点 | 7点 | 8点 | 9点 | 10点 | 11点 | 12点 | 13点 | 14点 | 15点 | 16点 | 17点 | 18点 | 19点 | 20点 | 21点 | 22点 | 23点 |
| 2 | 起床洗漱 | | | | | | | | | | | | | | | | | | |
| 3 | 吃饭 | | | | | | | | | | | | | | | | | | |
| 4 | 洗衣服 | | | | 最紧急 | | | | | | | | | | | | | | |
| 5 | 写作 | | | | | 最重要 | | | | | | | | | | | | | |
| 6 | 吃饭 | | | | | | | | | | | | | | | | | | |
| 7 | 小憩 | | | | | | | | | | | | | | | | | | |
| 8 | 看电影 | | | | | | | | | | | | | | | | | | |
| 9 | 吃晚饭 | | | | | | | | | | | | | | | | | | |
| 10 | 洗澡面膜 | | | | | | | | | | | | | | | | | | |
| 11 | 看演讲 | | | | | | | | | | | | 重要 | | |
| 12 | 睡觉 | | | | | | | | | | | | | | | | | | |
| 13 | | | | | | | | | | | | | | | | | | | |
| 14 | | | | | | | | | | | | | | | | | | | |
| 15 | | | | | | | | | | | | | | | | | | | |

优先完成。接着再找出重要但不紧急的事情，在注意力状态最佳的时间段去做。需要注意的是，一定要将状态良好的注意力用于完成需要思考的工作。比如，平时上班没时间洗衣服，攒了近一周的脏衣服已经到了“不得不洗”的地步，这对此时的你来说确实是一件紧急且重要的事情，可以优先完成它，但不要把它排在自己主动型注意力或是积极型注意力状态下去做。因为优质的注意力是用来解决思考型任务的。

**第四步：在不影响效果的前提下，学会将不同类型的任务进行搭配**

观察上述的甘特图可以发现，一天24小时几乎被排得满满当当，每个任务都是依次进行。看似安排得很充实，但实际上很有可能计划刚实施一半你的意志力和注意力就宣布告急，懒得执行下去了。此时我们还需要找到计划中对专注力要求较低的任务进行搭配，这样就能大大提高执行效率，将节省下来的时间用于休息和娱乐，以保证后续任务的顺利完成。

我第一次意识到这个方法的妙用还是在小学时。我所在的地区，小学三年级才开始学英语。每次上英语课时，老师都会挨个检查背单词，全班40个学生，谁也别想逃过一劫。这对那时的我如同噩梦一般。如果没背单词被老师“抓住”，就要将所有单词抄写

30遍！为了能够过关，我将单词写在小纸条上，每天上下学一边走路一边背。我这样做并不是因为我有多么好学，恰恰是因为我太贪玩了，写完作业之后总想去看动画片，哪有时间背单词呢？于是我只能利用走路时间临阵磨枪。我一直抱着应付的心态去做，可没想到一次“特殊”的背单词经历改变了我的想法。

那天老师考我的单词是“blackboard（黑板）”，当时班里的同学一下子都变得紧张起来，因为上节课老师并没有说要背诵这个单词。我站起来脱口而出，丝毫没有停顿地念了出来：“b-l-a-c-k-b-o-a-r-d！”连老师都愣了一下，他压根没想到我竟然会背。就这样，我在老师和同学们惊讶的目光下骄傲地坐了下来。那时，我突然意识到自己在走路时背诵单词的做法是完全正确的。

这次无心的尝试真的是歪打正着，我正好就使用了任务搭配的技巧。在上下学走路时是需要花费时间的，但却不用动脑筋，因为这一行为完全是下意识的、机械式的习惯，已经被基底神经节接管，一旦需要，就会被自动唤醒，直接“播放”。既然走路不需要动脑筋，也不会消耗专注力，不如在走路的同时再搭配一点需要动脑筋的小任务。我们也可以称之为多线程任务法，就好像是一台电脑同时执行多个线程，从而提升处理能力。

在我上面的计划表中，洗衣服、洗漱、敷面膜都是对专注力要求很低的小任务，在这段时间里我还可以做些什么呢？

我在上一节中讲过，很多重要的任务其实都是复合型的，要想高效地完成，就要将其细化成一个个具体的步骤，然后集中注意力逐一攻克。

比如写一篇深度思考方面的干货文章就是复合型任务，可以分为：找资料、列提纲、写开头、写正文、写结尾等多个步骤，我们可以将搜索资料、列提纲等前期准备工作放在洗漱、敷面膜、洗衣服时完成。

敷面膜时，你全神贯注地睁着眼睛平躺在那里并不会对面膜的吸收有任何帮助，这时你完全可以用手机搜索一下深度思考方面的资料。洗衣服时，你只需要将要洗的衣服分好类，依次放进洗衣机里，点击启动按钮即可。此时你根本不用守在那里注视着洗衣机是如何将衣服洗干净的，这个时间段你完全可以继续查找资料、写提纲。

平时我会手洗贴身衣物，一边洗一边听TED演讲，既学到了知识、锻炼了英语听力，还把衣物洗干净了。这样，花费了同样的时间却做了更多的事情，还不影响所做事情的效果。

任务搭配就是在完成对专注力要求很低的事情的同时去做一些脑力活动。比如在通勤、洗漱、洗衣服、收拾、打扫、等待、跑步等活动时，我们会习惯性走神，此时完全可以利用这段时间来背单词、听电子书、构思提纲、带着问题查找资料等。

但在使用这一方法时有以下三大注意事项：

**一、要搭配对干扰与中断容忍度较高的脑力活动**

比如，背诵单词对干扰和中断的容忍度就很高。背一个单词只需要一两分钟，在重复诵读的过程中即便被某件事情打断，重新开始也较容易进入状态。但如果你要求自己在坐地铁时写文章的开头，在人头攒动、声音嘈杂的车厢里，身边准备下车的人的一个起身都有可能干扰到你，此时非要强迫自己在这样的环境下完成码字的工作，的确有些强人所难。每次被干扰打断后都需要使用意志力重新进入写作状态，这不仅会使意志力造成不必要的损耗，还会因为被不断打扰而影响心情。要知道，负面情绪同样会加速自我损耗。

总的来说，我们可以对脑力活动进行等级划分，将记忆方面的活动及其准备工作整理出来，和一些体力活动搭配。但那些对专注力要求较高、对干扰和中断的容忍度较低的任务最好还是留在注意力最佳的时间段去完成。

**二、并不是所有不用思考的行动都能搭配脑力活动**

我初中有段时间热衷于一边听音乐一边刷题，我觉得这样可以调动自己写作业的积极性，让刷题变得不再枯燥。可事实上，那段时间我的成绩下降得很明显。因为听音乐虽然不需要思考，但却会占用注意力，使我忍不住跟随音乐浮想联翩，而缺乏专注力就会导致思考效率变低，连题目都需要反复读好几遍才能理解，更别说做题了。

又如开车，它也是习惯性行为，但同样会占用注意力，并不适合搭配脑力活动，否则就会影响驾驶的安全性。

**三、不要在同一时间内进行多种脑力活动**

有的小伙伴为了追求行动速度，喜欢一心多用，比如，一边看演讲视频一边做项目演示文稿，一边回复客户邮件一边打电话，结果每项工作都做得马马虎虎。

麻省理工学院神经学教授厄尔·米勒通过研究发现：同时专注做两件事情会超出人类大脑的处理能力。当我们强迫自己一心多用，在同一时间内进行多种脑力活动时，其实是在主动削弱自身深度思考、集中精神的专注能力，这反而降低了大脑的工作效率。

研究发现，大脑在同时处理两件甚至更多事情时并不是真的在"同时"去做，而是在多项任务之间快速切换。有切换就有中断，当一项任务被中断，再重新被切换回来时就需要一定的时间来唤醒之前的工作状态和记忆，这在无形中造成了时间和精力上的浪费。并且，同时进行多种脑力活动还会加重大脑运行的负担。

根据以上信息我们就能制作出一份有利于提高自己行动效率的甘特图了。每天可以花费少量的时间把当天的行动甘特图制定好，然后按部就班地完成。图表画得好不好看并不重要，只要能直观地、清晰地显示出任务信息即可。当然，你可以主动给自己卸包袱，并非必须完成整个计划才行，只要尽力就好。允许自己每天进步一点点，别让精心制定的计划成为制造焦虑和压力的“恶魔”。

## 第十二节　如何让自己爱上学习

对于学习，很多人是又爱又恨。他们内心深知学习的重要性，也希望能够通过学习提升自己的能力，改变自己的未来，甚至这种渴望有时还会变成一种焦虑。但遗憾的是，大多数人对学习的迫切感并没有上升到行动，反而处于“心里着急上火，行动磨蹭拖延”的矛盾之中。

当你感到无聊时会做些什么来打发时间呢？我想，大多数人的回答都是玩手机。一有时间就拿出手机已经成为大多数人的下意识行为。一部联网的手机就像一个潘多拉魔盒，里面有着各种新鲜、有趣、好玩的手机软件。一旦解锁手机屏幕，我们的注意力就会被各种信息弹窗吸引，即便知道自己有任务在身，也根本挡不住灵活触碰屏幕的小手，当真是“身不由己”啊。

你玩手机时的状态是怎样的呢？嫂子经常会对我侄子说：“你写作业时如果能有你玩手机时一半的认真劲儿，就能考进班级前五了！”你瞧，本该用在学习上的认真、专注、积极、不知疲倦、越挫越勇的劲头却都用到了玩手机上，在正经事上反而像是中了白展堂的“葵花点穴手”，全被封印了。

我读小学时最盼望的就是放假时爸妈上班，这样我就能在家悄悄打开电视，看会儿动画片。我会在爸妈下班之前将冰箱冷冻室的盒装冷冻液拿出来，放到电视机的后盖上给电视机降温。因为爸妈一进家门，第一件事就是去摸电视的后盖，然后根据温度来判断我有没有偷偷看电视。有一次我看得太入神了，连爸妈用钥匙开门的声音都没有听到，直到他们怒气冲冲地站在我面前我才反应过来。故事的结局不用我说你也能猜到吧！

愿意主动去做某件事情，并且在做的时候能全身心地投入其中，不知疲倦，这就是进入了心流状态。但让人尴尬的是，我们进入心流状态多半是在娱乐时，学习时我们的积极性反而会变差，总想拖延、放弃，注意力不集中，还会觉得每一分每一秒都过得很慢……

这是为什么呢？我们能否让自己像爱玩手机一样爱上学习呢？

我在前面的章节中讲到了多巴胺会制造出一种“我很快乐”的虚假幻象，它发挥效用的关键就是先让人们对即将得到的奖赏产生期待和渴求。回想一下那只蹲在椅子上不断拉动拉杆的猴子，它表现出来的亢奋、上瘾和失控并不是因为它有多开心，而是因为它已经完全被多巴胺“奴役”了，满脑子都是“再来一次”。它并未沉浸在因为行动而有所回报的收获与满足之中，而是一直处于“欲求不满”的状态中。这种行为越重复耐受阈值就越高，越不过瘾，于是只能不断重复该行为来掩盖内心的巨大空虚。

为什么你会对手机爱不释手？

我们沉迷于玩手机也是因为中了多巴胺的“圈套”。回想一下你刷短视频的样子吧：看了第一条视频就想看第二条，接着忍不住滑到第三条。你也想放下手机，但大脑中总有一个挥之不去的念头：下一个视频会更有趣。正是在这种“奖励”的诱惑下，大脑驱使你不断地滑动屏幕，让你一直沉浸在高刺激的环境中。等你看到眼睛干涩、呵欠连连时，才发现时间已经过去了两个多小时。此时你收获的只有满满的空虚感和失落感，看着眼前还没动笔的项目更是后悔万分。从一开始被某条手机软件推送的信息所吸引，对此产生了期待，在观看之后需求得到了及时的回应，于是开始期待下一条，再次进入了渴求状态，周而复始，从而上瘾。这就是被多巴胺

"奴役"，沉迷于玩手机不能自拔的心理过程。

在这一过程中有四个关键因素需要格外注意。

1.及时反馈

反馈周期大大影响了人们执行行动的主动性和积极性。回想一下你吃瓜子的状态吧：看着面前摆放的一盘瓜子，你会不自觉地伸手拿起一颗来吃。当吃下第一颗之后就会继续吃第二颗、第三颗、第四颗……即便在吃瓜子的过程中你也会分心做别的事情，比如，玩手机、聊天、去洗手间，等等，但这丝毫不会影响你继续吃瓜子，想停都停不下来，直到盘子中的瓜子变成了一堆瓜子壳。在管理学中，这一现象有个有趣的名字，叫做"瓜子理论"。

为什么一吃瓜子就容易停不下来？

仔细观察一下，这一过程有如下特点：

（1）需要实施的行动非常简单。伸手拿起一颗瓜子，将瓜子的"头部"放进嘴里，用牙齿轻轻将瓜子壳嗑开，用舌头卷出瓜子仁，然后扔掉瓜子壳。这个行为非常简单且容易上手。

（2）付出行动后就有回报。当你实施了吃瓜子这个行为之后你就会得到一颗瓜子仁。反馈周期很短，付出就有回报。这会激励我们不断拿起下一颗瓜子，从而进入一直期待“下一颗”的循环中。

（3）得到的回报是可视化的，更能激发成就感。一边嗑瓜子一边看着瓜子壳越堆越高，这种可视化的成就感也会对行动主体产生刺激和鼓舞，大大激发人们付出行动的主动性和积极性。

为什么我们爱看短视频，却懒得看纪录片呢？为什么我们能刷一篇篇微信公众号文章，却没有办法静下心来读书呢？因为反馈周期不同。前者只需要五六分钟就能看完并获得快感，这对天生“好逸恶劳”“急功近利”的大脑来说吸引力更强。

2.多感官刺激

令人上头的背景音乐，浅显易懂、诙谐幽默的表达方式，搞笑的视频画面，让人时而哈哈大笑，时而感同身受，时而辛酸落泪的故事情节等，都在想方设法调动我们的感官和情绪，感官被刺激得越充分，我们就越投入。

3.互动性强

看到有意思的视频我们会评论、点赞、转发，还会被有趣的弹幕逗得前仰后合，互动性被调动起来后，我们的积极性就更强了。

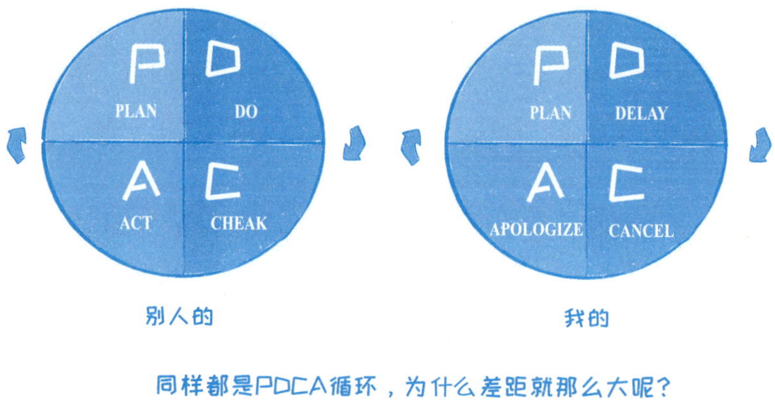


我之前看过一个视频，视频的内容大致是博主分享自己在日常生活中是如何利用“PDCA循环”来进行下班后的自我提升的。视频下方有一条近3000点赞的评论是这样自嘲的：“PDCA循环难道不是plan（计划）、delay（拖延）、cancel（放弃）、apologize（道歉）吗？”但凡被拖延和懒惰折磨过的小伙伴应该都能感同身受！于是许多网友纷纷在这条评论下展开讨论。这种有来有往的互动也是让我们沉迷游戏和手机的重要因素之一。

4.有新鲜感

短视频的内容是多种多样的，我们永远不知道下一个刷出来的是什么。我们总能被某个标题、某款封面所吸引，不由自主地点进去。而这种新鲜感是书本上的一行行文字、一个个公式比不了的。

以上四个因素就是我们沉迷手机的主要原因。值得庆幸的是，我们也可以反过来利用它们来调整自己的学习策略，激发我们对学习的热情和主动性，并增强专注力。具体该如何做呢？看看下面的五条建议吧！

**建议一：设定具体的小目标，主动缩短学习的反馈周期**

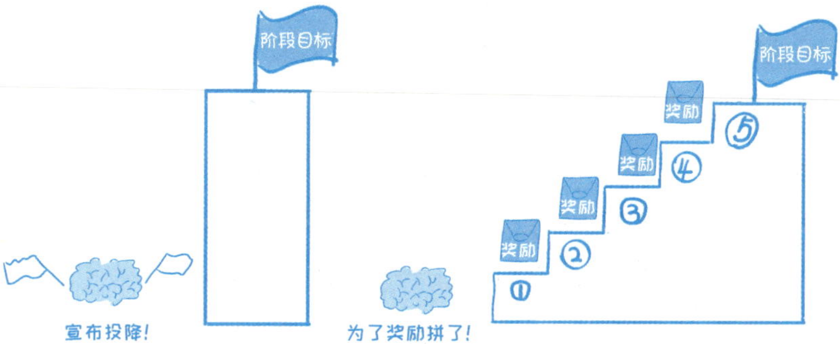


将阶段目标划分为具体执行的小目标
每个小目标匹配一个小奖励

上小学时，每次考完试我都会痛定思痛，下定决心要在寒暑假期间好好学习，争取下次考试进入班级前十名，可每次坚持不了几天就放弃了。这是为什么呢？首先是因为行动的反馈周期太长了，我的付出需要好几个月后才能看到结果；其次是我需要付出的行动量太大了，目标太多，任务太杂。过长的反馈周期、沉重复杂的任务都会迅速瓦解一个人的斗志和激情。

幸运的是，上初中时我的成绩追了上来。当时我所在的学校有月考，那时我会制定具体的目标，比如要求自己在下一次月考中数学成绩达到90分以上（满分100分）。反馈周期变短，目标变得明确，我学习的积极性就提高了，也能更持久地坚持了。

因此，我们在学习时一定要设定具体的目标，还要将其细化成一个个可量化的小目标。比如你的目标是通过英语四级考试，它虽然很具体，但依旧需要细化。你可以将其细化为每周甚至每天需要完成的小目标，比如今天的学习任务是背50个单词，每10个单词为一组，一共分为5组。背完这10个单词和通过几个月后的英语四级考试哪个更容易激发你的执行力呢？显然是前者，因为它更明确、更简单、更容易，你只需要“踮起脚尖”就能够到。

当小目标被细化之后，反馈周期也就相应变短了。每组单词花费一个番茄时间（25分钟），完成之后再进行一次简单的测试，背会了就可以休息5分钟，然后顺便在自己的“成就清单”上打一个大大的勾，告诉自己“又掌握了10个新单词，真的太厉害了”。完成当天的50个单词后还可以尝试奖励自己玩两局游戏。

总之，要通过细化目标、碎片化反馈周期的方式让自己有一种“只要向前迈出一步就能有所收获”的感觉。

## 建议二：多设置奖励，以激发学习的积极性

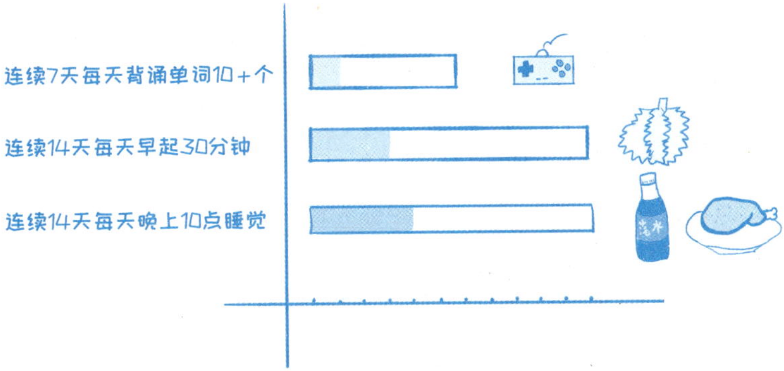


别不舍得给自己回应！
积极的反馈会让你的执行力变得更强大！

每嗑开一颗瓜子就会得到一粒瓜子仁，每刷新一下APP就能看到一个新的短视频。可以看出，每一个让我们上瘾的行为的奖励来得总是那么及时。通过明年的全国司法考试的回报必然是让人心生向往的，虽然它诱惑十足，但它的致命缺点是离当下需要付出的行动太遥远了。即使你现在写完两张试卷也没法实现通过司法考试的目标，当下的付出无法获得及时奖励是我们懒得行动的重要原因。如何解决这一问题呢？那就是主动设置奖励。这就像是在通往终极关卡的路途中摆放了一个个小礼物，你每走一步都会有所收获。坚持1天可以玩30分钟自己喜欢的游戏，坚持3天可以吃一块心心念

念的提拉米苏，坚持7天可以买一件新衣服……

你可以将自己平时想买的小东西都设置成一个个小奖励，作为当下行动的回报，以此来激励自己主动学习。

**建议三：将自己的付出可视化**

我建议你买一本方格本，只要你为目标付出了一点努力，就涂满一个小格子。比如，拿出一张方格纸，在上面写上“背单词”三个字，每个小格子代表10个单词，你今天背了50个单词，就用喜欢的颜色涂满5个格子。日积月累，这一个个鲜艳的小格子就会提醒你自己有多么的努力，这种成就感会让你舍不得放弃。每涂满一张纸你还可以发朋友圈，或是贴在墙上。这种因“炫耀”而产生的自我激励，效果特别明显。

**建议四：在枯燥的学习中设定有趣的环节来增加新鲜感**

学习本就是枯燥乏味的，但我们仍然可以发挥自己的创意，通过增加一些有趣的小道具或“游戏规则”来增加学习的趣味性。

比如，有段时间我对写稿子产生了倦怠感，一想到要打开电脑码字就提不起精神。于是我买了一个很大的回车键，用数据线把它和电脑连在一起，每次需要按“enter”键时我就用力敲打一下那个大回车键，这个小道具就让我在平时码字时多了一些趣味性。

### 建议五：不要“孤军奋战”，要主动“晒出”自己的努力

如今互联网时代，你完全不用躲在家里一个人孤独地努力。每天完成学习任务后，你可以用手机将自己当天所学的知识讲解并录制一遍，然后发布到网络上。你不用在乎自己发布的视频封面是否美观，视频镜头是否炫酷，你只需要通过文章或视频的方式重新讲解一遍自己当天学到的东西，然后对外输出。这种主动分享的方式不仅能强迫自己进行内容输出，提升学习效果，还能依靠内容吸引更多志同道合的伙伴，你们彼此之间可以通过互动促进学习，成长得更快。

我有一个朋友在业余时间学画画，她每次完成练习后都会将作品和心得体会发到网络上，经常会收到同样喜欢画画的网友的评论。有些网友会鼓励她，有些网友则会指出她的画存在的问题。这种通过主动分享增强学习互动性的方法让她对画画更感兴趣了。

很多时候，能够激励我们的并不仅仅是物质上的回报，他人的回应也能使我们斗志满满。

第 二 章

CHAPTER TWO

# 适合普通人的记忆力提升术

## 第一节　为什么你的记忆力越来越差

读小学时我特别喜欢一部电影《雨人》，剧中最吸引我的并不是感人的兄弟情义，而是哥哥雷蒙。他虽然从小就患有孤独症，看起来智力也有些问题，没有办法像正常人一样生活，但他却有着超强的记忆力。

要知道，那时的我还是一个整天想着如何偷懒不做功课的熊孩子。看着枯燥乏味的课本，就特别羡慕那些记忆力好的人，幻想着自己有朝一日也能拥有超常的记忆力，不管是背课文还是背单词，都能“耳闻则诵，过目不忘”。当时我觉得记东西没有什么特别的技巧，只要多读几遍，反复看，自然就记住了。可等上了中学之后，课业负担加重，我才渐渐发现，记东西并不是坐在那里一遍遍朗读、死记硬背就能有成果的。有时候刚花了一节自习课的时间背诵，可等到做题时大脑还是会一片空白。又或是今天还能背出来，下个星期却连一个字都想不起来了。这种经历一多，就会让人对自己的学习能力产生怀疑，充满挫败感。

自己的记忆力差真的是因为智商不如尖子生吗？学过的东西很快就忘了，背书总像“狗熊掰棒子——掰一个，丢一个”，有什么方法能“抢救”一下吗？

不要灰心丧气，其实提高记忆力并不难。很多时候我们在记忆方面打败仗都是因为缺乏技巧，一味使用蛮力去强迫自己死记硬背，单纯的重复只能起到暂时记忆的作用，如若缺乏使用和理解，这些知识很快就会被忘记。

记忆专家吉姆·奎克曾在《无限可能》一书中讲道：“记忆力没有好坏、强弱之分，只有受过训练和未经训练的区别。如果你很难记住别人的名字，无法在没有笔记的情况下做演讲，甚至早上找不到车钥匙，这并不是因为你缺乏做这些事情的能力，而是因为你没有接受过相关的训练。”[1]

在讲解记忆力训练技巧之前，我们需要先了解除了先天发育、疾病等原因，还有哪些因素会限制记忆力的发挥。

[1] 吉姆·奎克．无限可能[M]．王小皓，译．北京：人民邮电出版社，2020.

## 一、成瘾行为

在过去，神经科学家普遍认为大脑一旦受到损伤是不可逆转的。但随着科学和医疗技术的发展，研究人员发现，大脑可以重新生长细胞，建立新的连接，修复损伤，恢复功能，这就是神经可塑性，这一发现是脑科学历史上的重大突破。

成瘾行为会对大脑造成负面影响　　脑子越用越灵活

大脑的一个显著特点：用进废退！

大脑拥有多种神奇的能力，记忆仅仅是其中之一。你一定听过类似的说法："脑子是要用的，越用越灵光，不用就'生锈'了！"这并不是长辈故意吓唬我们。大脑的一个重要特点就是用进废退，它就像肌肉一样，经常使用和锻炼会让大脑越来越灵活；反之，认知状态就会越来越差。

认知科学家通过研究发现，不管是药物、烟酒、食品成瘾，还是网络、游戏、赌博、购物成瘾等，本质都是同一种成瘾机制，它们都会给大脑带来负面改变，如，脑前额叶功能退化：意志力减退，难以集中注意力，思考能力下降等；脱敏反应：成瘾事物带来的快乐越来越少，甚至变得麻木，于是在成瘾事物上花费更多的时间与精力；敏化反应：感觉别的事物都没有吸引力，只对成瘾的事物过分敏感。

这里需要注意的是，小说、短视频、游戏等引发的成瘾行为对记忆力的负面影响要比烟酒、赌博等更具隐蔽性，甚至有人认为，平时没事看看小说、刷刷短视频只是生活习惯，并不是上瘾。但纵容自己经常重复这类行为，会让自己深陷各种碎片化信息难以自拔，即便已经放下手机开始学习，却依旧无法静下心来，大脑还沉浸在之前强刺激的快餐信息中。在这种干扰下，出现记忆力下降的情况也就不意外了。

### 二、长期睡眠不足，缺乏运动

现在很多人都有熬夜的坏习惯。有的人是因为工作、学习太忙，不得已睡得很晚。有的人是因为躺在床上玩手机，不知不觉就看到了深夜。熬夜会导致睡眠质量下降和睡眠时间不足，大脑无法得到充分的休息，第二天就会精神不振，工作、学习效率就会降低。长期睡眠不足还会导致大脑损伤，削弱自控能力，导致轻度前庭功能紊乱，让人变得暴躁易怒，难以集中注意力。

缺乏运动同样会导致精神不振，记忆力变差。白天上班，晚上下班回到家中则奉行“能躺着绝不坐着”的原则，周末休息更是一觉睡到日上三竿，醒了就躺在床上玩手机，饿了就点外卖，这样的生活作息让很多年轻人的体质变得越来越差，身体懒，大脑更懒。

**三、压力过大，长期处于焦虑之中**

压力和焦虑是意志力的克星。当身心处于过度焦虑的状态时，会让自身的精力和意志力加速损耗。很多时候我们为了激发自己学习的动力，会采用自认为最简单有效的方法，那就是不断地给自己施压，企图通过“骂醒自己”的方式进入“知耻而后勇，知弱而图强”的状态。

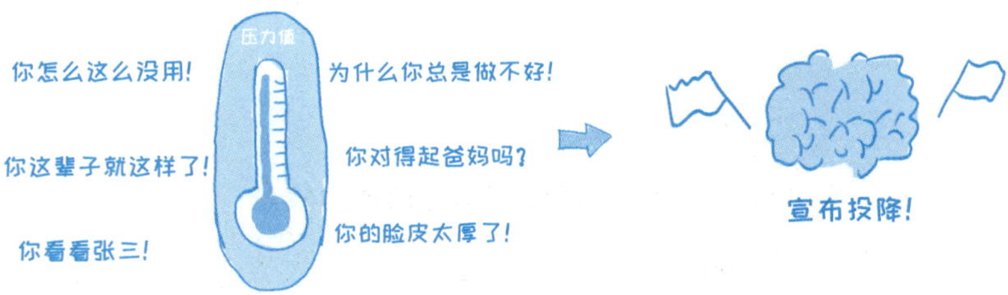


错误认知：尽可能自我施压，会激活执行力！

考试没考好，就一直数落自己为什么才考这么点分数，根本对不起奔波操劳、无私付出的父母；临近资格证考试，复习计划却一拖再拖，于是一直批评自己为何如此懒惰、颓废，骂自己真是个废物。

事实上，这种粗暴的打压方式是很难让自己幡然醒悟、改过自新的，反而会让大脑更加疲惫，进入“越骂越懒”的状态。

**四、缺乏认知积极性**

我们都知道兴趣是最好的老师，原因就在于人们会对自己感兴趣的东西表现出积极性。我上初中时特别喜欢历史老师，每节历史课听课都会格外认真，放学之后也会先写历史作业、背诵历史知识点，因此每次历史考试我的成绩都能排进班级前三。当你在认知上具备积极性时，学习、理解、记忆的效率自然会变得更高。否则，只是被动地拿着课本，苦大仇深地看着上面的字，却没有任何动力去背诵，这样记忆的效果必然大打折扣。

**五、知识储备量小，导致处理信息的能力较差**

如果只是像和尚念经一般反复念诵，强迫大脑“张开怀抱”接收新的知识点。即便能记住，也注定是低效的。

为什么同样的知识点，有的人记得又快又好，有的人却背得磕磕绊绊呢？还有一个重要的原因就是不同的人知识储备量是不同的，由此导致他们处理信息的能力也不一样。

举个例子。让两个人同时背诵英语单词“abandon”，其中一个根本不会英语，背诵的方法就是挨个字母念。在他眼中，这个单词的字母像乱码一般，没有任何联系，只能靠不断地重复，直至背会。好不容易记住单词之后还得继续强迫自己记住这个单词的含义。

而另一个人则具备一定的英语知识，他会将单词拆解后再背诵：“a”可以表示肯定，也可以表示否定，在单词“abandon”中则表示否定；“band”表示绑带、捆绑的意思；“on”表示在……上面。将以上三个部分组合到一起，意思就是“不捆绑在上面”，自然就能更好地理解该单词“抛弃，放弃”的含义了。

两个方法一对比，肯定是第二个人记得又轻松又牢固。有时你发现自己记东西的速度变慢了，并不一定是记忆力真的变差了，也许是因为你背诵的内容是已有知识储备的“盲区”，你无法将新的知识点转换成熟悉的知识来理解消化。这就好比你驾车开进了一片完全陌生的区域，没有导航，只能一点一点摸索，这样探索路线的效率自然会降低。

### 六、不良思考习惯

你的手机里下载了多少能给你提供短期快感的软件呢？在你身体疲惫、精神紧张时可以看几个搞笑的段子，刷几分钟短视频来解闷取乐，但如果你一有时间就掏出手机刷来刷去，那么这些软件不仅会掏空你的时间，更会腐蚀你的思考能力。

学习是需要耐心的，记忆力是需要训练的。但现在很多人都被海量碎片化的“快餐式”信息惯坏了。我曾在网络上发表了一篇关于如何读书的干货文章，高点赞量、高收藏量的光鲜却掩盖不住极低读完率的尴尬，有好几个网友的评论出奇的一致：“是好文章，到我的收藏夹里吃灰吧！”意识到内容对自己有帮助，但却没有耐心支撑自己认真读完，收藏即“冷藏”，安慰自己以后有时间再看，可没过几秒就将“誓言”忘得一干二净。

文章字数一多就开始不耐烦，题材枯燥一些就觉得提不起兴趣，视频时间一长就直接倍速播放，内容稍微复杂一点就觉得烧脑。只愿意用最短的时间浏览最刺激、最有趣、最浅显易懂的信息是现代人阅读的常态，更是让我们的大脑变得越来越懒惰的直接原因。

## 第二节　记忆到底是什么

记忆是我们与生俱来的本领，但不少人对记忆的理解仍停留在“重复”二字。觉得背不会就多读几遍，或是信奉“好记性不如烂笔头”，如果通过反复阅读还记不住的话，那就抄写，直到抄会为止。这样机械式的记忆注定是低效的。要想提升记忆力，就先要搞清楚大脑是如何记住信息的。

记忆是指人类利用大脑对信息内容进行储存和使用的过程。从记忆内容的贮存时间来分类，记忆可以分为瞬时记忆、短时记忆和长时记忆。

瞬时记忆也叫感觉记忆，它是指外界信息作用于大脑后，在感觉通道内极为短暂地停留。它的特点是信息容量极大，但保存的时间极短，通常只有0.25~2秒。给人的感觉就像是一晃而过，当时有印象，但转眼就忘记了。只有在引起人们注意的情况下，瞬时记忆才能被感觉器官进一步编码成短时记忆。瞬时记忆可以快速、大量地暂时保存感觉器官接收的外界信息，从而帮助我们高效地判断、观察自身所处的环境，并自由选择保留那些对我们有意义的重要信息并做进一步处理。

比如，当我打开搜索引擎查阅关于多巴胺的资料，手中的鼠标快速滑动，那些一闪而过的字眼都会成为瞬时记忆。突然我看到了一个叫作“内啡肽”的词，虽然这不是我原本要找的，但我认为这个词背后的知识可能对我很有用，于是我决定看完当前页面之后就去搜索内啡肽的资料。最终内啡肽这个读起来有些拗口的词语就从我原本的瞬时记忆变成了短时记忆。

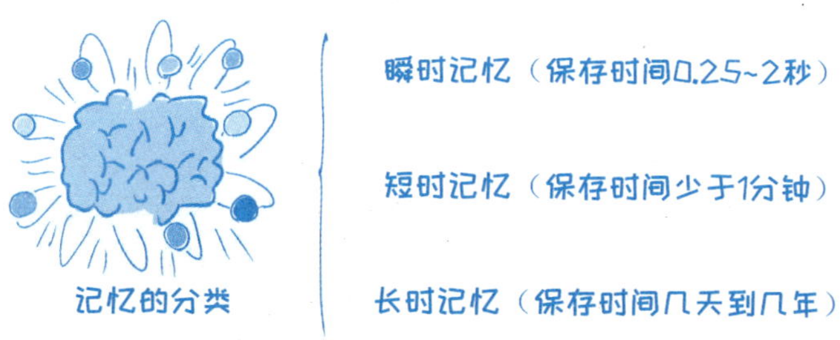


短时记忆是指那些经过感觉器官加工、编码之后短暂保存的记忆，它是瞬时记忆和长时记忆的“中介”。一方面能暂时保存信息以帮助人们完成当前认知方面的工作，另一方面则是将其中部分

有用的信息升级为长时记忆。短时记忆的容量有限且保存的时间较短，最多不超过1分钟，提高它的存储效率最有效的方法就是复述，及时复述可以减少短时记忆中的信息片段因无关刺激的干扰而被快速遗忘。根据L. R. 彼得逊和M. J. 彼得逊的实验结果显示，如果没有及时对短时记忆进行复述，仅仅过了18秒再去回忆，正确率就只有10%左右，1分钟之后暂时记住的信息就统统“烟消云散”了。比如你查询到一个电话号码，嘴里一个劲儿地念叨，生怕自己忘记，等到顺利打完电话之后再去回想这个号码，记忆已经变得模糊，这就是典型的短时记忆。

长时记忆是指通过复述等深度加工方式将来自短时记忆中的信息在大脑中长期保留下来。除此之外，强感官刺激造成的深刻印象即便只输入一次也可能形成长时记忆。长时记忆在容量和保存时间上拥有绝对的优势，容量大，且贮存时间可达数年甚至终生不忘。当然，从理论上讲，只要信息在大脑中保存时间在1分钟以上，都可以称之为长时记忆，而我们渴望提高的记忆力也主要是指长时记忆。例如，上个月我刚参加了一场答辩，现在还能背诵出当时准备的稿子，这就是大脑通过深度加工所形成的长时记忆。又如，已经31岁的我直到现在还清晰地记得5岁时做的那场噩梦，即便那个一堆毒蛇互相缠绕的场景只在我梦中出现过一次，但由于强烈的感官刺激让我印象深刻，于是也形成了长时记忆。

长时记忆的信息组织方式有两种，一种是语义编码，一种是表象编码。语义编码主要是通过词语来完成信息加工，再按照意义、语法关系、系统分类等将其组块化、概括化。表象编码则是通过视觉、听觉、嗅觉、味觉、触觉等感官进行记忆。这两种编码方式各有特点，我们在日常生活中都会用到。比如，记忆打印机时，我们可以用“长方体的形状，运行起来有‘咔咔’的声音”等表象编码的方式来表征它，也可以用语义编码的方式，如“打印机是一种将计算机处理结果打印在相关介质上的电子输出设备”来描述。

弄明白记忆的分类后再去理解记忆的过程就简单多了。

### 记忆的过程是怎样的?

记忆的过程主要遵循以下三个步骤。

**第一步：识记**

这是一个将外界信息进行感官编码，对其特征进行区分、认识，使其在大脑中产生印象的过程，也是整个记忆过程的关键阶段。

我们可以想象一下，在大脑中有一个“信息接待室”。外界信息经过感觉器官来到“信息接待室”作短暂的停留，其中一部分信息引起了大脑的注意，于是感觉器官开始对其进行二次加工和改造，让新的信息和已有的知识结构形成联系，于是短时记忆就产生了。

根据识记主体是否有明确的目的、是否发挥主观能动性，又可以分为无意识记忆和有意识记忆。

无意识记忆是指没有明确目的，整个过程也没有调用自控力，是自然发生的识记。比如你听同事讲了一个感人的故事、第一次面试时的情景、因为封面很好看而记住的书名、电影里的经典台词等，都是无意识记忆。虽然识记的过程很轻松，但随机性较强，是不稳定的、非系统的且不能自主选择的提升认知的方式。它对外界信息的择取有三大特点：①对强烈的感官刺激很敏感。新奇的事物更容易抓住人们的注意力，让人看一眼就印象深刻。②对与个人相关性较高的内容较敏感，如兴趣爱好、痛点、需求等。③对能够引起自身强烈的情感反应的内容很敏感。

比如我对摄影很感兴趣，无意间刷到讲解拍摄技巧的视频就会下意识地记住一些，但如若想要真正提高摄影水平，系统学习则是很必要的。有意识记忆的效果要比无意识记忆的效果好得多，且记忆效果和主体的积极性呈正相关，识记的方向和内容越具体明确，识记的心态越积极主动，识记的方法越符合个人情况，注意力越集中，记忆的效果就越好。

根据对外界信息的编码方式不同，可以将识记分为机械识记和意义识记，其中意义识记也叫理解识记。机械识记是指在不理解其内容意义或内容本身并无联系的情况下，用机械式重复的方式来记忆。意义识记则是指在理解内容的基础上，通过联系的方式进行识记，其记忆速度和效果全方面碾压机械识记。

比如中国古代历史中的主要朝代有：夏、商、西周、东周（春秋、战国）、秦、西汉、东汉、三国、西晋、东晋、南北朝、隋、唐、五代十国、北宋、南宋、元、明、清。如果在不理解这些历史朝代的背景知识下靠不断的重复来加深印象，就是机械识记。但老师在讲课时都会将其替换成简单易懂、朗朗上口的“朝代歌”：“三皇五帝始，尧舜禹相传。夏商与西周，东周分两段。春秋和战国，一统秦两汉。三分魏蜀吴，两晋前后沿。南北朝并立，隋唐五代传。宋元明清后，皇朝至此完。”在理解这段历史背景的前提下，利用顺口溜的方式来背诵就属于意义识记，记忆的效果自然高出很多。

记得上初中时我总是记不住戊戌变法的起止时间，期末考试的前一天我是这样帮助自己记忆的。戊戌变法的实施时间是1898年6月11日，我在“1898年”后面标注了“98”，谐音“救吧”，正好能够呼应戊戌变法是一场具有爱国救亡意义的政治改革。“6月

11日”是我姥姥生日的前一天。

戊戌政变的时间是1898年9月21日，日期是同年的9月21日，我在后面标注了“救哀完（one）”，意思是“企图去救，但结果是悲哀的，最后光绪帝成了无枷之囚，执政生涯也完（one）了”。我将这些原本没有意义的数字和我姥姥的生日、谐音等已有信息进行了联系，表面上看“傻傻的”，但这样分析了一遍我就记住了，直到现在都记得清清楚楚。

**第二步：保持**

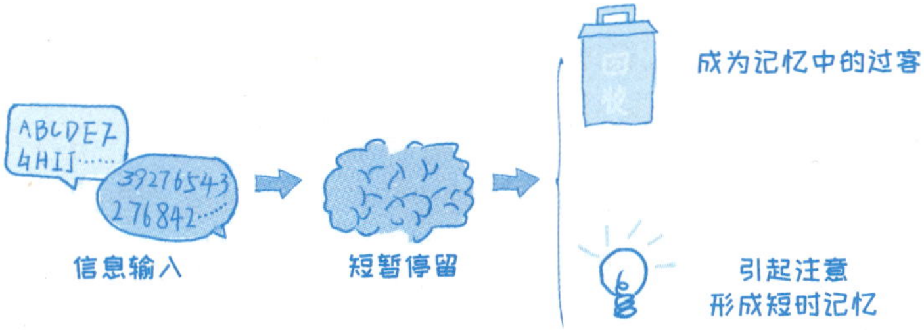


“保持”是将之前识记的内容在大脑中进行存储、巩固的过程。此时，之前识记保持的内容可能会发生两种变化，一种是之前记住的信息现在想不起来了，另一种是记错了，这两种情况统称为遗忘。我们在记忆的过程中不要害怕遗忘，遗忘并不代表你很笨、记性很差、之前的努力都白费了，而是一种正常现象，它的发生也是有规律可循的。德国心理学家赫尔曼·艾宾浩斯在1885年提出了著名的“艾宾浩斯遗忘曲线”，该研究表明：遗忘的进程并不均衡，而是先快后慢，刚开始忘得快，但随着时间推移，遗忘的速度开始变慢。在完成识记后的记忆量是100%，但如若没有及时复习，20分钟后记忆量就会骤减为58.2%，一天之后记忆量就仅剩33.7%了。

**第三步：再认和再现**

这是一个查找、提取记忆信息并进行运用的过程，它包括两部分：一是再认，二是再现。

再认是指曾经记忆的信息再次出现，被大脑识别和确认的过程。有两个主要因素会影响再认的效果：①曾经记忆信息的巩固程度。过去识记的信息如果被保持得清楚且准确，那么当该信息再次出现时大脑就会迅速做出反应，完成识别和确认，但如果过去识记的信息已经变得模糊，就难以准确完成再认。②曾经记忆的信息和重新出现时的相似程度。相似程度越高则再认就越迅速、越准确，相似程度越低，再认就越缓慢，出错概率就越高。

再现也叫回忆，它是指在一定的诱因作用下，曾经记忆的信息在大脑中再次出现的过程。无目的性的、不自觉的回忆叫做无意回忆。比如你正在玩手机，偶然看到一篇关于颐和园的游玩攻略，于是你想起了小时候和爸妈一起去颐和园的经历，这就是无意回忆。有目的性的、主动且需要调动自控力的回忆则叫做有意回忆。比如上课时老师考了你一个关于鸦片战争的问题，为了回答这个问题，你主动回忆相关知识，这就是有意回忆。

其中有意再现又可分为直接再现和间接再现。由当前的事物直接引发大脑对曾经记忆信息的回忆叫作直接再现。通过中介因素进行联想产生的再现叫作间接再现。比如你在订机票时看到了“Baggage Allowance（行李超重）”的字样，于是你开始在过去学习的英语词汇储备中检索，以此来回忆这两个单词所表达的意思，这叫直接再现。又如，同桌正在做历史作业，他忽然问你戊戌变法是哪一年发生的，你借助着“98谐音法”这一中介因素进行联想，然后回忆起戊戌变法发生在1898年，这就叫间接再现。

影响再现效果的主要因素有三个：①曾经记忆信息的准确性和巩固程度。起初记得越扎实、越精准，回忆起来就越快、越准确。②回忆时的身体状况。过于紧张、着急或疲惫会因为压力过大造成“断片”，让大脑一片空白。我想大家都有过这样的经历，越是重要的场合，比如考试、面试，越容易紧张，明明自己准备得很充分，在答题时却感觉脑袋空空如也，想破脑袋也记不起来，等到考试结束反而一下子想起来了刚才考的知识点。③回忆时的灵活性。

比如直接回想某个信息却一无所获时，你可以主动回忆与其相关的信息，然后通过这些线索进行联想。

再认和再现并没有严格意义上的划分，一般来说，再现要比再认难一些。能对过去识记的信息进行再认的不一定能够再现，但能对过去识记的信息进行再现的一定能够再认。

通过上面的讲解，我们知道了习以为常的记忆是如何运作的。记忆由“记”和“忆”组成，记的过程有两个环节，分别为识记和保持；忆指的是再认和再现。这三个环节缺一不可。识记是对输入进行保持的大前提，保持则是对识记信息的巩固，再认和再现则是对识记信息的提取和输出，是真正检验识记和保持效果的环节。

所以很多时候我们并不是记忆力差，而是很有可能在以上三个环节中犯了某个小错误，从而影响了最终再认和再现的效果。在识记、保持、再认和再现这三个环节中都有哪些实用的技巧呢？请紧跟着我的思路继续阅读吧！

## 第三节　训练你的记忆力一：在识记时要给大脑下达明确的指令

在开讲之前我们先来玩个小游戏吧。观察下面这张图片，20秒之后请回答下面提出的问题。

请回答：在桌子上摆放的一排书中，从左往右数第三本是什么

颜色？

不知道你答对了没有。也许会有小伙伴说："你这样出题是不对的，时间那么短，又没有明确的题目，我连记忆的方向都没有，答不出来是很正常的。"

好吧，那这次我先提问："衣架上挂着的学生证号码是多少？"10秒后请闭上眼报出你的答案吧！

我想，这次绝大多数小伙伴都能轻松答对！我在讲解瞬时记忆时说过，只有在引起人们注意的情况下，瞬时记忆才能被感觉器官进一步编码处理成短时记忆。那么，在我们记忆时，如果记忆对象是笼统的、宽泛的，大脑没有明确的识记目标，就会像无头苍蝇一般东看看西望望，这就很容易分散注意力，造成低效记忆。

在本节开始的小游戏中，如果你并不知道题目，在面对一幅信息量较大的图时，你的大脑就很容易不知所措，眼神也只会漫无目的地在图片上扫来扫去，看似在汲取信息，实际上转眼就忘。但如果我们带着具体的目标去识记，就相当于给大脑下了一道明确的指令，集中注意力去处理一个具体的问题，效率自然就提升了。

去年我参加了一场线下书友交流会，主持人让书友们写下自己阅读时遇到的困扰，最后统计出排名第一的问题是：读完一本书之后仍然不知所云，该怎么办？

很多人读完一本书，回想内容时大脑却一片空白，根本记不住作者讲了些什么，更别提运用了。造成这种尴尬局面的罪魁祸首就是在阅读时没有给大脑下达明确的指令，从而使大脑在注意力分散的情况下迷迷糊糊地跟着作者的思路走，越读越困，越读越觉得没意思。这不叫读书，而是翻书。

有效识记的首要目标就是要想方设法地刺激大脑，让它将注意力集中到一个具体的点上，由此带动自己积极思考和记忆。可日常学习时我们面对的信息很有可能是非常复杂的，这该怎么办呢？

我们可以将大脑想象成一名汽车司机，它的任务就是带领我们在知识的世界里观光旅游。如果作为乘客的我们在上车之后闭口不谈要去哪里，司机肯定会一脸懵，只能乱开一通，越开越困，导致坐在车里的我们也没了兴致。因此，造成记忆低效的重要原因就是大脑没有方向感。

下达明确、具体的指令，是让大脑进行高效思考的前提！

可如果我们换个方式，一上车就告诉司机自己要去哪里，而且告诉他这个地方对自己来说有多么重要，这样司机就像开了导航一样，可以直接开往目的地，乘客也能提起精神观赏一路的好风光。

懂得这个道理后，在面对复杂的信息时我们就应该学会做一个合格的“乘客”，直截了当地告诉大脑我们要去哪儿（我们要着重处理哪一部分信息）、我们为什么要去那里（我们为什么要处理这部分信息、它对我们有什么用、能解决什么问题，以及在记忆之前对该知识点有哪些疑问）。

第一部分是在给大脑下达准确的指令，给它明确的方向，以便集中注意力。完成一个指令后再下达第二个，以此类推。第二部分是在拉近自己和待处理信息之间的距离，利用和自己有着紧密关系的利益来诱惑、刺激求知的兴趣和执行力，以提升注意力的质量，延长专注的时间。

之前我买了一本《社会心理学》，厚厚的一本，有五百多页。每当我下定决心阅读时总是以失败告终，这本被美国700多所大学的心理系采用的经典教材干货十足，但没读一会儿我就感觉自己的眼皮开始打架，倦意浓浓。后来我按照前文所讲解的技巧去阅读时，这种尴尬终于被化解。

第一步：通过目录确定一个待处理的要点信息；第二步：利益诱惑，告诉自己如果学会了这个知识点，将会给自己带来哪些好处。

千万别小看这两个准备步骤，它可以在无形之中调动起你的求知欲，还会让你在还没开始时就已经迫不及待想要学习了。比如，我们首先确定要先拿下“自利偏差效应”这个知识点，接着进行自我诱惑，在学会自利偏差效应之后对我们有哪些好处呢？第一，化身调查员，满足好奇心：观察自己和身边的人是如何分析自身成功原因的，看看是否满足自利偏差效应。第二，自我反省，减少日后“踩坑”的概率：不要因为某次的成功经历而盲目自我拔高，高估自己对事情结果的掌控能力。第三，靠内容分享来吸引粉丝和赚钱：收集自利偏差效应的案例和资料，将其写成文章或制做成短视频发布到网络上，吸引粉丝并赚取收益。

除了“利益诱惑”，我们还可以采用提问法来调动自己的好奇心。比如，自利偏差效应是什么意思？学会这个知识点后对我有什么用处？我可以将这个知识点运用在哪些方面，解决哪些问题？这个知识点还可以给我带来哪些额外的收获？

然后，带着这些问题去阅读、识记。通过优化准备工作，可以让大脑准确接收到一个吸引力较强的明确指令，大脑在处理信息时自然就能变得更加高效！

## 第四节 训练你的记忆力二：记忆时要先整理框架，后理解、记忆细节

还记得高中历史课本中是如何讲解君主专制主义中央集权制度的积极作用和消极影响的吗？记不清楚的小伙伴不用着急，我们可以先来做一个记忆小练习，回味一下当初“背了又忘，忘了又背”的感觉。

君主专制主义中央集权制度的积极作用：①有利于多民族封建国家的建立、巩固和发展，有利于维护国家的统一和领土完整。②可以有效地组织人力、物力和财力，有利于进行大规模经济建设和生产，有利于社会经济的发展。③在统一的社会背景下能够促进民族大融合，有利于各个地区的经济、思想文化交流发展与提

高，对中华民族的繁衍、发展起到了巨大作用。

君主专制主义中央集权制度的消极影响：①皇权专制极容易形成暴政统治和贪污腐败现象，成为历史发展的阻碍因素。②在明清时期严重阻碍了资本主义萌芽的产生和发展，束缚了社会生产力的进步。③在思想方面独尊一家，禁锢了人们的思想，摧残了文化，压抑了创造力，出现了“万马齐喑”的可悲局面。

面对这类信息量较大的内容时，千万不要一句一句地背诵，否则就是将原本有着紧密关联的知识体系分割成一个个孤立的要点，光靠死记硬背的话自然容易变得像“狗熊掰棒子——掰一个丢一个”。

正确的方法是先通读一遍，理解之后再通过内容彼此之间的逻辑关系梳理出一个系统的框架。先把握整体框架，然后再记忆细节。这样就能理解得更透彻，记得更扎实，复习起来也会很方便。

看似一大段知识点，但无论是积极作用还是消极影响，都是从政治、经济、思想文化三个层面进行总结的。整体的结构梳理好了，再去理解和识记每个部分的细节内容就容易得多。

比如上面提到的两大历史知识点在阅读理解之后可以整理成如

下思维导图。

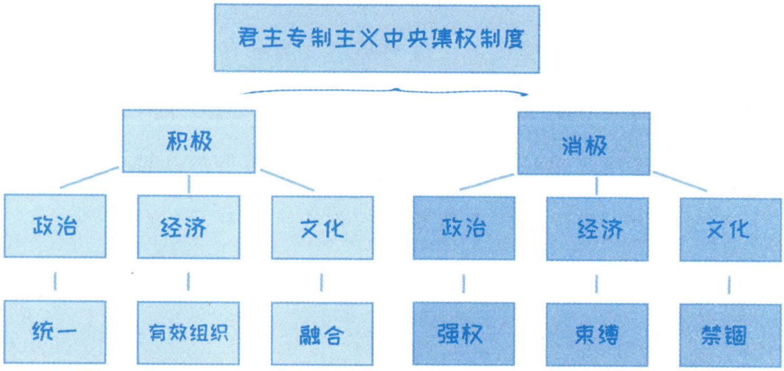


比如，中央集权、皇权专制制度在政治上的积极作用都集中体现在统一上。各个地方都服从于皇帝的指令和派遣，当遇到内部叛乱、外敌入侵时，可以快速调集各个地方的力量，自然有利于抵御外来侵略，防止分裂割据，维护国家的统一。消极影响则是容易形成暴政与贪污的温床。人民没有政治权利和地位，全是统治阶级说了算，这样决策的独断性和随意性就会深深影响一个国家的政治命运，自然容易助长暴力统治、官僚腐败之风。

再举一个例子。我因为有事不能去超市，于是拜托你帮我去超市采购如下商品：藕、钢笔水、土豆、料酒、5号电池、生抽、葡萄、辣椒面、宽粉、牛肉、口香糖、茄子、薯片、西红柿、一次性手套、胡萝卜、日记本和腐竹。

面对这种混乱的信息，第一步就是要建立框架，寻找规律。以上需要采购的物品其实可以分成七类。蔬菜：藕、土豆、茄子、西红柿、胡萝卜；水果：葡萄；食材：宽粉、牛肉、腐竹；烹饪调料：料酒、生抽、辣椒面；文具：钢笔水、日记本；生活用品：5号电池、一次性手套；零食：口香糖、薯片。

可以看出，将一堆杂乱的信息按照某种逻辑关系分类之后，记忆的思路就会变得清晰、直观起来。大脑最害怕的就是杂乱无章的信息了。这就好比我们在玩拼图时，如果每次都需要从一堆混乱无序的碎片中去寻找对应的碎片，自然会很辛苦，而且拼得很缓慢。

拼拼图最高效的方法是先分片。首先挑选出有直角的，然后挑选出有直边的，最后再按照拼片上的颜色进行分类。分片之后先将四个直角摆放到相应的位置，接着再按照图像衔接拼好四条边，最后再从四周往中间拼，需要什么颜色就在之前分好类的碎片中寻找。这样先建立起基本框架，再填充细节时搜索范围就变小了，自然就高效很多。

通过上面的讲解我们可以直观地发现，在背诵信息量较大的内容时，要先整理出知识框架，将看似一盘散沙的知识点串联起来。先将逻辑结构理解、记住了，然后再去理解更细的知识点时就会轻松许多。要点与要点之间还可以互为记忆线索，哪怕其中某个知识点已经有些淡忘了，也可以通过知识框架和其他要点来帮助回忆。

## 第五节 训练你的记忆力三：在学习新知识时要主动创造更多的要点链接

百度前副总裁李靖曾在一次主题为“读很多书，工作很多年，为啥不是专家”的演讲中分享了一个很重要的学习方法——发散思维，即每学到一个新的知识点，要想方设法去创造更多的要点链接。

比如，他新学了一个概念叫作“决策瘫痪”，它是指在面对大量的信息和选项时，大脑决策系统容易“崩塌”，从而使得决策能力和决策质量双双下降。

有次他去一家餐厅吃饭，原本只是想点一份炒饭，在看菜单时却犯了难。菜单上密密麻麻地罗列了一大串炒饭的名字，有西红柿鸡蛋炒饭、木耳青椒鸡蛋炒饭、西红柿青椒鸡蛋炒饭，等等。食材就几种，却做成了好多种组合。

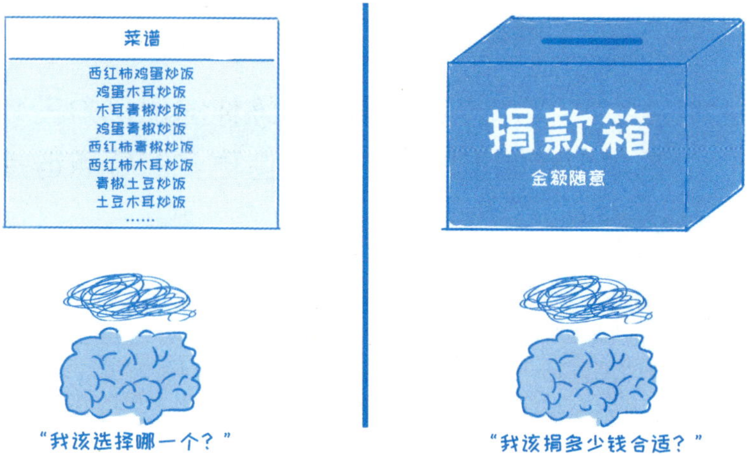


提供过多差异性不大的选项会让大脑负责决策和情绪控制的部门直接宕机，不知所措。随后，李靖在清华大学研究生院的一次捐款活动中又发现了一个有趣的现象：组织者原本希望尊重每个人的捐款意愿，所以并没有规定具体的捐款金额，想要捐多少都可以，可宣传一番之后发现捐款的人寥寥无几。难道学生们缺乏同理心，对这类慈善活动不感兴趣吗？

其实并不是这样的。当李靖将捐款金额定为10元，再次宣传之后结果大不相同。很多学生不仅慷慨解囊，甚至还主动帮忙宣传。

没有明确的捐款金额，全看个人意愿，这会让很多人犯难。想捐得多一些，可自己也是学生，有心无力；捐得少了又怕被别人笑话。没有参考标准，就容易让人陷入决策瘫痪，无法在当下做出决定，最后很可能不了了之，因此这场慈善活动遇冷并不意外。但当把捐款金额固定为10元时，留给学生需要进行决策的因素就减少了很多，自然能够更快地做出决定。经过这一系列的观察和经历的链接，当初无意中接触到的决策瘫痪概念就被我们铭记于心了。

又如，我们新接触到一个心理学概念叫“晕轮效应”，它是指在人际交往中人们容易以点带面、以偏概全，从而造成认知上的偏差和障碍。具体体现在以下三个方面：①人们仅仅抓住了事物的个别特征，却容易倾向于将个别推及整体，以点带面，牵强附会地以此推论出其他特征。即觉得某种特质好，就会认为它的其他特质也很好；觉得某种特质不好，也会自然认为它还有很多其他不好的地方。②人们容易受外在特征的影响，而将其和“八竿子打不着”的内在品质联系到一起。③人们对某人或某物的看法会在潜移默化中带有主观偏见，而这些偏见也会影响对其相关事物的判断。

知道这个概念的意思还远远不够，我们需要主动出击，想方设法地为其创造更多的链接。具体该如何做呢？

**方法一：主动寻找、收集和知识点相关的故事案例**

知识点是抽象的，概念讲解得再详细，大脑对它的理解程度都是有限的！

案例是具象的，将知识点联系实际案例，可以有效提高理解深度！

我们可以通过在生活中细致地观察、有目的性地搜索案例等方式将“冷冰冰”的知识点和具体的案例场景结合到一起，这样理解起来更容易、更深刻。

比如，女生在追剧时很容易将男主角的“角色光环”代入现实生活中。因为男演员饰演的角色具有忠诚、专一的特质，所以她们会下意识地认为这位男演员在现实生活中也具备同样的品质。因而男演员在与女演员拍合照时一个“绅士手”的举动也会被粉丝无限放大，由此推论出他一定是个绅士，是个私德不错的人。这就是晕轮效应的第一个特点——以点带面，以偏概全。

日本的某档电视节目做过一次街头实验。实验的主人公是一位年轻女孩，她的任务是在不修边幅和化妆两种情况下向陌生人求助借钱。结果这个女孩在素颜甚至有些邋遢的情况下，即便很可怜地向陌生人求助，也没有任何人愿意帮助她。可当她化妆之后，依旧是之前的衣服，之前的地点，求助成功率却直线上升，绝大多数人都爽快地借给她钱了。

一个良好的形象不仅能给人留下英俊、漂亮的印象，还会让人觉得你很爱干净、心地善良、聪明、值得信任。而一个不修边幅、邋里邋遢的人，人们就会认为你不精神、不阳光、不整洁、没有气质和魅力。这就是晕轮效应的第二个特点——单纯地通过外在特征进行武断的推论，以貌取人。

《韩非子·说难篇》中讲述了弥子瑕失宠的故事。弥子瑕年轻时容貌俊美，很受卫灵公宠爱。一次，弥子瑕得知母亲生了重病，心急如焚的他假传卫灵公的旨令让车夫驾着君主的马车载他回家。当时卫国的法令是，如若有人私自乘驾君王的马车，会被判以刖刑。但卫灵公知道这件事情后并没有生气，反而夸奖了弥子瑕，觉得他为了关心母亲的身体而不顾个人安危，是个孝顺且勇敢的人。

又有一次，弥子瑕陪卫灵公到果园游玩，他看见果树上结满了又大又红的蜜桃，随手就摘下一个吃了起来，吃到一半才想起身边的卫灵公，于是把剩下的半个桃子递给了卫灵公。卫灵公也不嫌弃，将剩下的半个桃子吃得干干净净。在当时的随从看来，弥子瑕的行为简直是对君主的大不敬，可卫灵公却并不介意，反而觉得弥子瑕强忍着馋意将桃子让给自己，这才是真的敬爱自己！

多年后，年老色衰的弥子瑕在卫灵公面前失了宠，卫灵公连同多年前弥子瑕私驾王车、余桃啖君等事情一并追究。这是晕轮效应的第三个特点——要么爱屋及乌，要么恶其余胥。

在多个故事案例的帮助下，原本抽象的知识点就变得生动、形象起来，记忆效果自然有所提升。

**方法二：主动利用知识点去解决不同领域的具体问题**

提升学习效果最有效的方法就是主动使用知识，越用才能理解得越透彻、记得越深刻。

我想起上大学时一次有趣的兼职经历。那时，我和几个舍友利用课余时间给一家美容机构做宣传，可还没熬过试用期老板就宣布“破产”了，因为没钱给我们发工资，所以就将店里的几箱面膜给了我们。为了不让这么多面膜砸在手里，我们在校园内摆起了地摊，一见到路过的女同学就热情地宣传，一天下来嘴皮子都快磨破了却只卖了两盒，还是靠着友情“强买强卖”的。

第二天我们改变了战术，找来班里长得高大帅气的男生帮忙推广面膜，推广话术和之前差不多。你可别小瞧这一转变，昨天滞销的面膜今天却成了香饽饽，销量直接翻了好几倍。

这个案例就是晕轮效应在营销领域中的具体应用。高大帅气的男生具有较好的外形特点，在晕轮效应的作用下，会让人觉得他还具备其他优秀的品质，比如真诚、聪明、善良，因此顾客在面对推广时就更有耐心倾听，更愿意相信。

除此之外，我们可以思考一下晕轮效应还能运用在哪些方面，比如人际交往、恋爱婚姻、面试求职，等等。知识存在的意义就是为我们答疑解惑，解决痛点。你可以收集不同领域中的具体问题，然后试着用刚学到的知识去解决，将知识的输入与行动上的输出相结合才是真正的学会！

**方法三：以该知识点为索引，链接更多相关知识点**

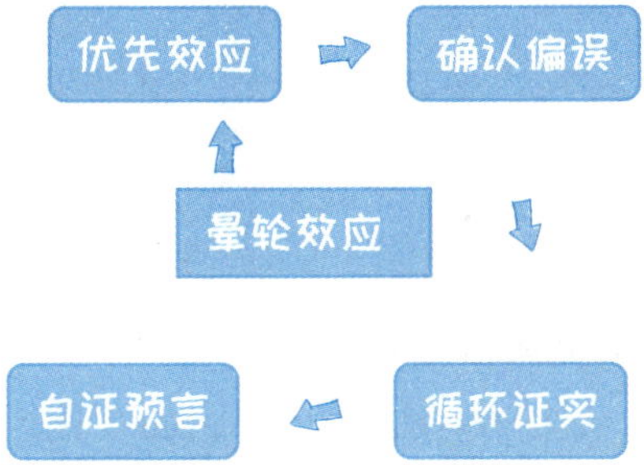


以一个知识点为线索，
争取链接到更多相关知识点。

当接触到一个新的知识点时，可以将其作为一个切入点，去寻找更多与其相关的知识点。晕轮效应是指人们容易将事物的个别特征放大，并持续受其影响。那么，和它相关的心理学效应还有哪些呢?

比如优先效应。它是由美国心理学家洛钦斯提出的，指人们在交往过程中的第一印象也许并不是真实的，但却是最为深刻的，占据着主导地位，以后的认知感受往往都会由此出发，先入为主，较难改变。

也许有人会说："这只是最初的看法，等到深入交往后自然会有更加准确的判断。"其实我们高估了自己大脑的理性程度。在优先效应的影响下，我们往往已经给对方贴上了标签，陷入证实偏差的认知状态，即便日后有更进一步的接触，也会习惯性地将新的信息进行重新加工，留下那些支持之前结论的，而忽视那些违背第一印象的信息。将事物标签化的确是一件节省思考的认知"捷径"，但如果将其绝对化、随意化，就会因认知偏差而造成不同程度的损失。

这样我们就又链接到了一个新的知识点——证实偏差。它是指人们更倾向于无视和自己观念相悖的信息，然后刻意去寻找、收集支持自己观点的证据。《潜意识》的作者列纳德·蒙洛迪诺说："人在做判断时有两种机制，一种是科学家机制，先有证据再下结论；另一种是律师机制，先有结论再去寻找证据。”[1]而大部分人都属于后者。证实偏差会让人们固执己见，活在自己的世界中。因为只相信自己愿意相信的，对于那些挑战原有观念的信息则会选择性忽视，甚至抨击。

一直戴着“有色眼镜”去寻找内心认同的信息，不仅会让自己所处的信息世界越来越封闭，还会陷入循环证实之中，导致偏见越来越深。比如，疑邻盗斧的故事告诉我们，当你用一双带有成见的眼睛去观察身边的人、事、物时，必然会在不知不觉中歪曲原貌，越看越觉得可疑，时间一长，对方也会有所排斥和戒备，而对方的这种反应又会成为支持你当初观点的证据。一方的认知偏差同时也导致了对方的偏差，反过来又加强了认知偏差的程度，如此循环往复，就会在误解中越走越远。

和循环证实类似的心理学效应叫自证预言，它是指人们会在不知不觉中根据个人的期望，按照已知的“预言”做出相应的思考和行动，最终使得“预言”成真。当你期待一件好事发生时，注意力就会不自觉地放到与其相关的正面信息上，而思考又是一种连锁反应，于是你便身处于和该期望相关的、正面的信息环境当中，这不仅能让你得到更多有价值的线索，还能让你在心态和执行上都变得

[1] 列纳德·蒙洛迪诺. 潜意识[M]. 赵崧惠，译. 北京：中国青年出版社，2013.

积极起来，这样做事的成功率自然会变得更高。反之，如果你经常害怕某件坏事发生，则会一直倾向于关注与其相关的负面信息，越关注越悲观、消极，坏事找上门的概率也就越高。

我们将晕轮效应作为切入点，又引申出了优先效应、证实偏差、循环证实和自证预言，从而形成了一张更大的知识网，链接的知识点更丰富，彼此之间的联系更紧密，而这些相关的信息点都会成为你提取记忆的线索。在每次遇到相似的案例、相关的知识点时，就能自动唤醒记忆，从而加深印象。这就比一遍遍机械地、孤立地重复知识概念来理解和记忆的效果好得多。

# 第六节　训练你的记忆力四：将知识点代入具体的情景，并将其可视化

我小时候看过一部电影《甜心先生》，剧中有个告白的场景让我印象深刻。男主角眼含热泪地对女主角深情地说："I love you. You complete me.（我爱你，是你让我变得完整。）"那时我刚学英语，complete这个单词对我来说绝对是"地狱级"的生词，但这个单词却深深印刻在我的脑海里，从未忘记。

那时我背单词的方式大都是死记硬背式的重复，挨个字母读一遍，然后再念一遍中文解释，就这样一直重复，直到硬生生地强迫自己记住。可为何如此"复杂"的单词我看一遍就记住了呢？因为我将"complete"这个单词代入了男主角深情告白的场景。沉浸式的情景体验可以更好地刺激感官系统，使得原本费力气的背诵变

得自然而然。每当看到这个单词，我都会不由自主地想到男女主角深情对视的场景，还有那句经典台词“You complete me”。

我们在背诵知识点时千万不要为了省事而进行抽象式记忆。我们可以先围绕该知识点构建或寻找一个较为生动、形象的情景画面，然后将该知识点植入其中，在画面、故事以及感情的帮助下，原本枯燥的知识点就有了生命力，背诵就变得轻松起来。

比如，人身损害中包括侵害生命权、身体完整权和健康权等。如何快速记住这个知识点呢？

可以想象这样一个场景：一位大叔逛超市时被保安误认为是小偷，要求对其进行搜身检查，大叔果断拒绝，双方由此发生争执。几名超市保安强行对大叔进行了搜身和殴打，导致大叔受伤，送医后不治身亡。当时你正在结账，恰好目睹了这一切。

保安因为怀疑大叔盗窃超市商品而强行搜身检查属于非法搜查

公民身体，是一种侵犯身体完整权的行为。搜查过程中因为大叔的反抗而对其进行殴打，既侵害了身体完整权，也侵害了健康权。最终导致大叔送医不治身亡，这又侵犯了他人的生命权。这样一个场景就能使你轻松记住“生命权、身体完整权和健康权”。

使用场景化记忆有一个很关键的因素，就是在构建画面时要想方设法地让自己的情绪有所波动，越有情绪感染力的画面记忆效果越好。本节开头举例的“帅气男主角深情告白”的画面会让我们很感动，并对这种爱情产生向往；“超市保安无理搜查、殴打大叔”的画面会让我们感觉到很愤怒，继而对大叔的遭遇感到同情，这些都是情绪上的刺激。

如果你在使用场景化记忆时并没有让自己产生喜怒哀乐等情绪变化，只是单纯地用平淡的画面将知识点串联起来，效果则会大打折扣。你甚至会发现，自己不仅记不住知识点，还得花费时间去记忆那个画面，而这也就失去了场景化记忆的意义。

## 第七节　训练你的记忆力五：用谐音让新知识变得有趣起来

谐音记忆法指的是利用和原文内容读音相同或相似的词语来联系知识点进行记忆的方法。它的妙处在于：一是可以用熟悉的词汇记忆新知识，减少陌生感；二是可以让原本枯燥、难记的知识变得有趣起来。

比如，战国时期最强大的七个诸侯国分别为秦国、楚国、燕国、韩国、赵国、魏国、齐国。用谐音法背诵的话就非常简单了，我们可以直接整理成“青猪严寒找围棋（秦楚燕韩赵魏齐）”。

猪、严寒、围棋等词汇都是我们日常很熟悉的，组合起来之后还构建出了一副很有趣的画面：一头青色的猪在严寒之中四处寻找一副围棋。多么好笑的场景啊！

读到此处的你是不是也被这个谐音法给逗笑了呢？但当你闭上眼睛回想一下战国七雄有哪些，是不是一下子就背出来了？这就是谐音记忆法的厉害之处，嬉笑之间就将知识点拿下了。

我之前看过一篇讲上古八大姓氏的文章。上古八大姓分别为：姬（jī）、姜（jiāng）、姚（yáo）、嬴（yíng）、姒（sì）、妘（yún）、妫（guī）、姞（jí）。其他字的读音都很简单，但“妫”这个字的读音却很难记，我经常将其误读成“wěi”。于是我在网上查找了关于“妫”的资料。郑樵撰写的《通志·氏族略》中是这样记载的：“虞有两姓，曰姚曰妫。因姚墟之生而姓姚，因妫水之居而姓妫。故姚恢改姓为妫，而妫皓又改姓为姚，知姚与妫可通。”在山西省西南部有一条小河向西流入黄河，名为妫水。

看来妫这个字和水很有缘分呢，于是我在妫的旁边标注了一个“龟”字，生怕记得不深刻，还在旁边画了一只小乌龟。以后再看到这个字时，我就不由自主地联想到一只趴在水里的小乌龟，从此再也没有忘记“妫”字的读音。

我从小就喜欢文科，一学数、理、化就忍不住打瞌睡。想当年背诵元素周期表时更是百般波折，真的是背了又忘，忘了又背。只要一看到课本上的“氢、氦、锂、铍、硼、碳、氮、氧、氟、氖、钠、镁、铝、硅、磷、硫、氯、氩、钾、钙”，我的上眼皮就和下眼皮开始打架了，感觉大脑都锈住了。当时老师建议我们用顺口溜的方式来记忆，即“氢氦锂铍硼，碳氮氧氟氖，钠镁铝硅磷，硫氯氩钾钙。”可即便如此我还是记不住。

最终将我从苦海中拯救出来的正是谐音记忆法。我是这样来记忆的：

将整个元素周期表分为两句，第一句为“氢、氦、锂、铍、硼、碳、氮、氧、氟、氖”，我在后面标注“青海里，皮篷谈单羊服奶”（在青海里面，有个皮做的帐篷，商人们在里面谈生意，订

单是羊、衣服和牛奶）。

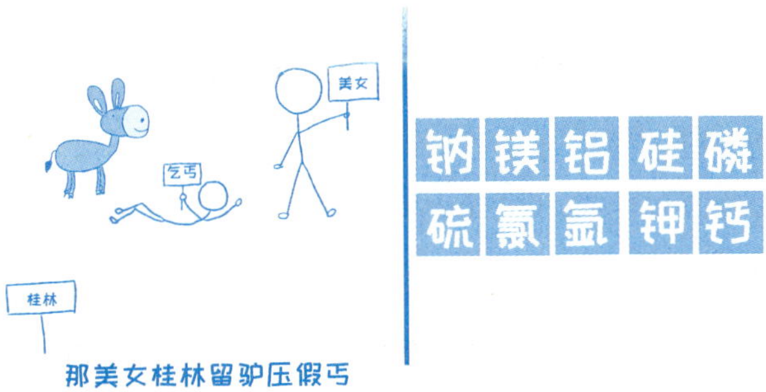


第二句为“钠、镁、铝、硅、磷、硫、氯、氩、钾、钙”，我在后面标注“那美女桂林留驴压假丐”（那个美女在桂林留下了一头驴，因为她骑驴压到了一个假乞丐）。

读到这里你可能会哈哈大笑，觉得我这招着实有些幼稚可笑。可是经过这样一加工，之前折磨我很久的元素周期表就轻松印刻在我的脑袋里了，读了一两遍就记住了。这就是谐音记忆法的优势。

用谐音记忆法加工原知识点时不用在意逻辑，也不用担心用谐音改造之后是否会颠覆原来的语意。要大胆地用谐音字去代替原文，将原本乏味、枯燥、烦琐的知识变得简单、有趣且极具画面感，这样就能把知识点的难度降低，记忆的效率自然就提升了。

不过也有很多朋友觉得谐音记忆法上不了台面，尤其是用它背诵英语单词，总觉得这是旁门左道。

比如，pregnant的意思是“怀孕的”。如果我们用词根、词缀的记忆方法来背诵的话，就要先拆解这个单词。pre指的是“在……前、预先”，gn指的是“出生、生产”，ant是一个形容词后缀。这样一分析，pregnant的语音、语义和拼写就都弄懂了。

当然，我们也可以用谐音记忆法来背诵这个单词，pregnant的谐音就是“扑来个男的”。两个方法对比，用谐音来记单词胜在简单有趣，即便是基础很差甚至是对英语提不起兴趣的人，在用谐音读几遍之后也能将它的意思记住。

又如，relics的意思是“遗物、遗迹”，用谐音记忆的话就可以替换为“蕊立刻死”，死了的东西自然就成了遗物、遗迹。“pest”的意思是“害虫，讨厌的人或物”，可以记为“拍死它”，既然是害虫，自然要拍死它。

由此可以看出，每种记忆方法都不是完美的，都有其局限性及适用范围。我们总结记忆技巧的目的只有一个，就是通过这些方法来帮助自己更快地记忆知识。方法与方法之间是没有高低之分的，毕竟每个人的情况、习惯以及记忆的知识特点并不完全相同。总之一句话，“不管白猫黑猫，捉到耗子就是好猫”。

## 第八节　训练你的记忆力六：用思维导图将复杂的信息整理成知识网络

去年我在粉丝群举办了一场小型的阅读打卡活动，其中一条活动规则是要求小伙伴在阅读完一本书后能够将所学到的知识点总结出来并背诵。可能有人会对此产生质疑，觉得这都什么年代了，成年人读书为什么还要像小孩子那样去总结，强迫记忆呢？

之所以设定这个规则，是因为我在平时和读者交流时发现，很多人看书仅仅停留在浏览上，他们的阅读只能用消极、被动来形容，对自己的要求也只是看懂作者在讲什么而已。“消极式读书”成了很多人阅读的常态。我设计这个“强迫总结和记忆”的规则是希望参与活动的小伙伴能够打破这种“消极阅读，表面思考”的懒惰惯性。毕竟大多数人读书不只是为了拍照发朋友圈打造人设，而是为了从书籍中汲取营养，帮助自己成长。因此，重建一个积极的读书态度是非常有必要的。

这场活动结束之后我收到了一些小伙伴的私信，其中一部分私信反映了他们在背诵时遇到的问题，而这些问题竟然出奇的一致，都是阅读时感觉特别有收获，读完整本书之后却感觉脑袋懵懵的，好像失忆了。

## 为什么学完东西却总是记不住?

日常学习中有两个常见的问题会导致我们记忆效率降低。一是太懒了。任何记忆方法和工具都是建立在重复之上的，并不是说你学会某个记忆技巧后就有如金庸笔下的冯衡，拥有了过目不忘的本领，翻看一遍就能将知识熟记于心。因为懒得重复，所以对技巧和工具产生了不切实际的幻想，导致自己一直在勤奋地寻找技巧，却懒得付出努力。二是对自己大脑的信息存储能力过于自信。每每看书时都会有一种“作者这段讲得太好了，对我很有用”的感觉，觉得自己记住了，但第二天回忆时大脑却空空如也。这时你会感到很挫败，明明昨天已经记住了，为什么一觉醒来之后又都忘了呢？其实你大可不必自我苛责。因为你在阅读时的那些感觉都来自理解信息这一层面，表示你已经看懂了文章的意思，但距离记忆还有很长的一段距离。

而且大脑在阅读时短暂接收的信息量是很大的，作者要想将一个知识点讲清楚，必定会从概念讲到原理，从应用讲到案例，等等。但问题是，如此庞大的信息量并非每一句话都是重点，里面有大量的语句都是“配角”，盲目地无差别记忆反而会给大脑增加负担。正确的做法是学会主动给大脑“减负”，提炼关键的内容要点，利用思维导图将其整理成知识网络。一旦明确了记忆的重点，大脑就不再晕头转向了。

思维导图是一种实用、简单、高效的思维工具，它用一个中心主题关键词以辐射线连接各级主题，可以快速清晰地整理思路。

举个例子。请先阅读下面这段材料，并划出内容重点，做好笔记。

一个合格的蜂群部落通常由一只蜂王、少量雄蜂和大量工蜂组成。蜂王虽然被称为“王”，但它实际上并不是蜂群的领导者，它是蜂群中唯一生殖器官发育完全的雌蜂，也叫蜂后。它的分工是终身产卵，担负着繁衍后代的重任。蜂群内的雄蜂、工蜂和新的蜂王都是由它产卵发育而成的。蜂王的寿命长、个体大，体重是工蜂的两倍。工蜂就像蜂王的侍从一样，每天都会围在蜂王身旁饲喂蜂王浆、清理垃圾，以保证蜂王旺盛的产卵能力。一只蜂王可以在一天内产出800~1300粒卵。蜂王自身会分泌出一种特有的蜂王信息物质，工蜂从蜂王的体表获取这种物质后，通过互相饲喂的方式传递到整个蜂群。这种物质的作用是抑制工蜂的卵巢发育并吸引工蜂形成饲喂圈，通俗地讲就是向整个蜂群传达蜂群繁衍正常的信号，用于稳定“军心”。

雄蜂是由未受精卵发育而成，专职任务是与蜂王交配，不能采集花粉，平时一般不出巢。当交配季节来临时，发育成熟的雄蜂就会在空中飞舞“炫技”，以吸引蜂王的注意。当蜂王出现时，雄蜂就会一哄而上，争抢和蜂王的交配权，然而只有最强壮的雄蜂才能与蜂王进行交配。交配一结束，雄蜂的生殖器官就会被全部拉下来，而它也会坠落到地面，孤独地等待死亡。紧接着下一个雄蜂又会追上蜂王，移除掉上一只雄蜂折断的尾部，再与蜂王进行交配。对于雄蜂来说，交配就意味着死亡。

工蜂是生殖器官发育不完善的雌蜂，个体要比蜂王和雄蜂小，但数量庞大，是蜂群中最主要的种类。根据年龄的不同，工蜂可以分为保育蜂、筑巢蜂和采蜜蜂。保育蜂是蜂群中的“保姆”，专职调制蜜粉、饲养并照顾幼蜂、清理巢房，以及负责巢内通风、散热和保温等工作。随着年纪的增长，保育蜂开始进行短距离的离巢飞行，蜡腺也开始分泌蜂蜡，此时保育蜂就长成了筑巢蜂。筑巢蜂是羽化了10~20天的青年工蜂，它们负责筑巢、守巢、酿制蜂蜜等工作。羽化20天以上的工蜂进入壮年时期，成为采蜜蜂，负责采集花蜜、花粉、树胶和无机盐等。老年的工蜂还会负责寻找蜜粉源和采水的工作。

读完之后可以观察一下自己勾画的内容重点，看看是否踩了如下几条红线。

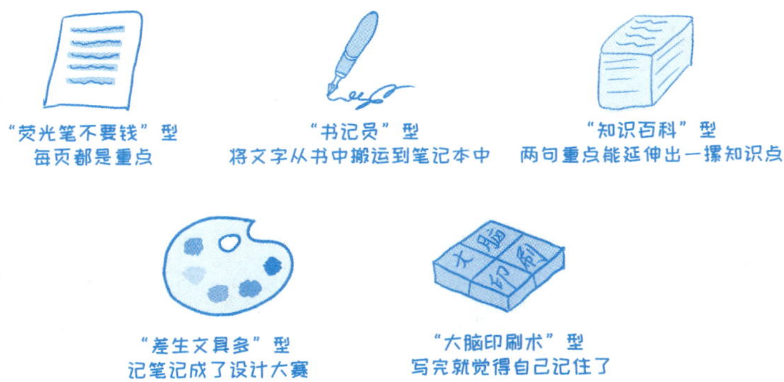


五种错误的记笔记方式

（1）划重点时整句整句勾画，满满一大段都是荧光笔的痕迹。

（2）记录笔记时大段照抄，将知识点从书上誊写到笔记本上。

（3）盲目追求知识的全面性，笔记上都是密密麻麻的延伸拓展知识点，就像一本知识百科大全，不求最好，但求最多。

（4）过于看重笔记的美观，不仅要设计排版和配色，还要加上手绘图案，花费太多时间来装饰，属于“中看不中用”。

（5）做了笔记之后就觉得自己记住了，很少再去翻看复习。

其中前两条属于没有内化知识、提取关键信息，觉得课本上的每句话都是重要的考点，少了哪一句都觉得不安心，生怕影响理解和记忆的效果。但大段地勾画重点反而将关键信息模糊掉了，让大脑迷失在一段段彩色字体之中。更重要的是，这种记笔记的方式会让我们归纳、总结与提炼的能力越来越差，最终拖了整个学习的后腿。

我的建议是：

**第一步：信息过滤，只勾画重点关键词**

每一段的关键词提炼都要精准简练。就拿上述材料举例，第一段可勾画的关键词是“蜂王”“雄蜂”“工蜂”；第二段可勾画的关键词是“唯一”“发育完全”“雌蜂”“终生产卵”“稳定‘军心’”；第三段可勾画的关键词是“未受精卵”“交配”；第四段可勾画的关键词是“发育不完善”“雌蜂”“保育蜂”“筑巢蜂”“采蜜蜂”。

**第二步：简单分类归纳**

将勾画出的关键词进行简单分类。比如，“唯一”“发育完全”“雌蜂”这三个关键词是在描述蜂王的生理特点，“终身产卵”“稳定‘军心’”是蜂王的功能职责。

**第三步：根据归纳的类别将上述关键词组合成思维导图**

通过将关键词进行分类可以形成内容标签，增强知识之间的逻辑性，然后就可以按照类别组合成思维导图，将关键词填入相应的位置。如下图：

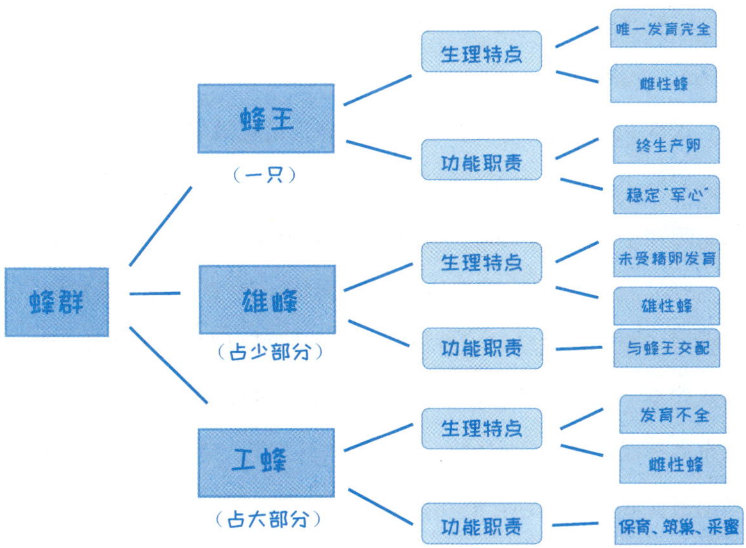

如果采用大段勾画的方式来做笔记，记录的重点又多又长，在记忆时就只能生硬地重复一个个句子，忽视了知识点之间的联系，不仅浪费时间，还影响知识的理解效果。近九百字的材料，用一张简洁的思维导图就能将重点梳理出来，一目了然，不管是背诵还是日后复习，都能帮助大脑快速整理思路。大脑最害怕的就是烦琐杂乱的信息了，只要给它呈现的是有条理的信息框架，它的记忆潜能就能立刻被激发出来。

需要提醒的是，使用思维导图的重点是在学习时能够主动思考、提炼、归纳和总结。你在这方面越主动，你的学习效果就会越好。但在具体使用过程中有如下三个误区：

**误区1：认为思维导图画得越漂亮，记忆效果越好**

网络上关于这方面的培训照片会将思维导图做成手绘的样式，明明写两个字就行，非要花10分钟画一个手绘图标。精致的思维导图的确很漂亮，但也容易给人们造成误导：画思维导图是不是一定要会手绘呢？思维导图制作得越精美，越吸引人，记忆效果就越好吗？我是“手残党”，是不是就不能使用思维导图这个工具呢？制作思维导图非得会画画吗？

对此我的答案是：绘制思维导图越简单、越清晰，效果越好。你画的思维导图是给自己看的，只要将关键词准确提炼，关系梳理到位即可。要点清晰，删繁就简，使用方便才是关键。

有的小伙伴会花费很多时间去装饰思维导图，每一张图片都做得很精美。当然，如果是为了画好图后发朋友圈多得几个赞的话，你可以这样做。但如果仅仅是为了学习，大可不必如此大费周章。你对知识的理解和记忆与你画导图时用了几根彩笔、几张贴画、几种构图并没有太大关系，你的学习兴趣也并不会因为思维导图好看一些就被轻松调动起来。一味地花费时间去研究到底用什么软件或贴画是本末倒置，浪费时间。

**误区2：认为做了思维导图后大脑就将知识都记住了**

有的人会将思维导图的作用过于夸大，让很多初学者以为，只要做了思维导图，知识点就能印刻在脑海里。在我看来，思维导图只是一个整理思路，将信息结构化的工具。这就好比你打开了卧室的衣柜，不同季节、不同颜色、不同款式的衣服杂乱地放在一起，你能一眼看出里面一共有多少件T恤吗？你能马上找到自己需要的那件红黑格子连衣裙吗？但如果你愿意花费一些时间将里面乱七八糟的衣服都拿出来，按照颜色、季节、场合、款式等标签分门别类重新收纳，这样日后再打开衣柜找衣服时就不会脑袋发懵，毫无头绪了。

思维导图并不是万能的，它只是将大段的信息结构化。一边学习一边在大脑中理解、归纳、梳理，然后制作成一张导图，这样学习和记忆时思路就会更加清晰，不会一头雾水。制作导图也是脑力输出的一种，因此这也是一个内化、输出的过程。有了它，可以加强效果、提高效率，但同样需要定期回顾与复习，需要付出的努力一点也省不了。

**误区3：认为可以直接购买学霸做的思维导图，省去自己做笔记的环节**

有人认为，既然用思维导图整理笔记有助于提高记忆效率，那么直接买现成的导图笔记不就得了？网上资源那么多，花钱就能搞定，还省去了自己做笔记的环节，这样岂不是更高效？

也有人认为，学霸整理出来的思维导图肯定比自己做的好，直接按照他们的导图笔记去记忆肯定比背诵自己的更有效果。

其实以上两种观点都是不妥的。制作思维导图是一个将知识进行主动内化，强迫输出的过程，这也是思维导图能起作用的关键原因。如果省去了这一过程，直接背诵买来的导图笔记，就相当于跳过了关键的核心环节，直接记忆别人整理出来的知识框架，没有思考、归纳、总结和输出，只是机械地背诵结果，这样的学习效果自然是有限的。

学霸的笔记之所以受欢迎，自然是抓住了学生群体的心理需求。有的人纯粹是因为懒，有的人则是想寻求心理安慰，还有人是想向学霸取经，看看学霸是如何记笔记的。

不管是出于什么样的目的购买学霸笔记，我都强烈建议，在学习时切记要亲力亲为，先自己整理一份，再打开学霸的笔记，看看他们是如何整合同一章节的知识点的，你可以借鉴思考、查漏补缺，但千万不要抱着图省事、照搬的心态使用，那真的是自作聪明，自毁学习能力。

那么，我们应该如何画思维导图呢？又有哪些注意事项呢？

**第一步：根据学习内容确定中心主题**

拿出你想记忆的资料，圈定好学习范围，通读之后将中心关键词写在纸上。比如下面这段资料：

商是起源于黄河中下游的一个部落，是中国历史上第二个奴隶制王朝，也是中国第一个有直接同时期文字记载的王朝。

大约公元前1600年，商部落首领汤于鸣条之战推翻了夏朝，在亳建立了商朝。前期，商朝国都屡次迁徙，直到商王盘庚迁都到殷之后才稳定下来，因此商朝又被称为“殷”或“殷商”。约公元前1046年，周武王伐商，经牧野一战，商朝大败，末代君主帝辛自焚而亡，商王朝灭亡，周王朝建立。

商朝正值奴隶制鼎盛时期，商王为了巩固自己的地位，将自己的行为美化为上天的旨意，就连国家大事都会通过占卜来决定，弥漫着神权色彩。

商朝推行的是二元统治体制，即内外服制度。内服指的是由商王直接控制的王畿地区，大致是如今以河南为中心的中原地区；外服指的是商王间接控制的众多方国和部落。商王是内外服联盟的首领，与各个附属国是支配与被支配的关系，但这会以中央力量的强弱为转移。实际上，商王对附属国的控制是极其有限的，附属国基本保持着原有的社会结构，有很大的自主权，甚至有的附属国还经常与商发生战争。

通读之后我们知道这段材料主要是讲解商朝的。那么，商朝这个关键词就是接下来要画的思维导图的中心主题了。

**第二步：根据材料内容总结大致的逻辑思路**

此时可以快速进行第二遍通读，归纳这部分材料中一共讲解了哪几个要点。比如，第一段讲的是商朝的概述；第二段讲的是商朝的建立、迁都和灭亡；第三段、第四段讲的是商朝的政治特点。这样，这段材料的逻辑框架就被整理出来了，其中每个要点都是该导图的一个分支主题。

**第三步：提炼关键词并进行概括，然后填入相应的分支主题**

快速浏览每个段落，然后提炼关键词。需要注意的是，在画思维导图时不一定非要将提炼的关键词完整抄写下来。导图的作用是整理和归纳，帮助大脑理清思路，为日后复习提供一个回忆的框架，所以没必要将课本上的关键内容都誊写在导图上。只需要概括一下就行，字数越少越好，在复习时起到刺激回忆的作用就足够了。

比如：上述材料的第一段我们可以用荧光笔先将“黄河中下游”“第二”“第一”这几个关键词勾画出来。“黄河中下游”是位置，“第二”“第一”是地位。

第二段中我们可以勾画“公元前1600年”“汤”“鸣条之战”“亳”“盘庚”“殷”“公元前1046年”“周武王”“牧野一战”等关键词。其中，“公元前1600年”“汤”“鸣条之战”“亳”是在讲商朝的建立时间、人物、战役和国都。“盘庚”“殷”在讲商朝迁都的人物和地点。“公元前1046年”“周武王”“帝辛”“牧野一战”讲的是商朝灭亡的关键人物和战役。

第三段、第四段中我们可以勾画“神权”“内外服”“有限”这几个关键词。“神权”“内外服”是商朝的两个政治特点，“有

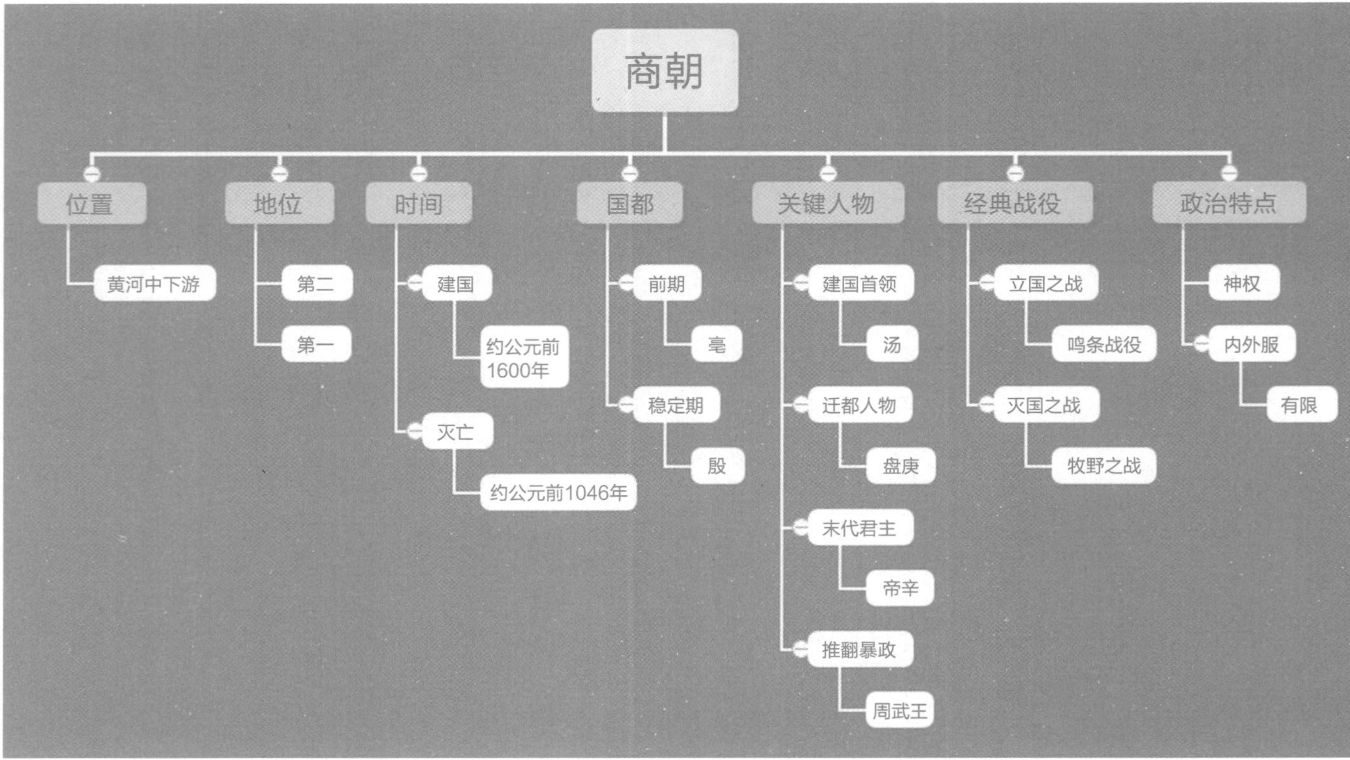
商朝
位置
黄河中下游
地位
第二
第一
时间
建国
约公元前1600年
灭亡
约公元前1046年
国都
前期
亳
稳定期
殷
关键人物
建国首领
汤
迁都人物
盘庚
末代君主
帝辛
推翻暴政
周武王
经典战役
立国之战
鸣条战役
灭国之战
牧野之战
政治特点
神权
内外服
有限

限”则指的是对附属国的控制有限，是内外服制度的特点。

然后把概括的关键词写在分支主题下即可，甚至都不用写具体的内容。

画好了思维导图后又该如何使用呢?

1.尝试记忆阶段

照着整理的知识框架结合内容材料去重复要点。

比如，在“商朝的概述”这个分支主题下，一个是部落的位置，另一个是商朝的地位。部落的起源位置在哪里?翻资料时找到的关键词是“黄河中下游”。商朝的地位是什么?一个“第二”，一个“第一”。“第二”是指中国历史上第二个奴隶制王朝，“第一”是指中国同时期有直接文字记载的第一个王朝。

2.完成记忆后可以通过自问自答来复习

背诵完成之后可以看自己画的思维导图，上面除了整理的知识结构和概括的标签，并没有课本中的内容。我们可以合上书，对着思维导图自问自答，一场简单的“考试”就能检查出自己哪里背会了，哪里还不熟悉。

对于还未掌握的部分，可以用铅笔在思维导图对应的标签位置处画个小“×”，然后等整个“考试”完成之后再去书中查找答案。

比如，你在背诵“商朝是中国第一个同时期有直接文字记载的王朝”时，会有“商朝的文字记载是什么样的”等疑问，在背诵“盘庚迁都到殷”时，会有“殷在哪里”等疑问。这些都可以在背诵时做好标记，“考试”完成后统一去课本中查找答案，或是向老师、互联网求教。

3.阶段复习时可以在白纸上重新绘制思维导图进行回忆

在阶段复习时，我建议将一开始绘制的知识大纲都丢掉，重新在一张纸上画出更为简略的导图，一边画，一边背。就好比你是一位老师，正在帮自己的学生进行复习，于是你在黑板上画出框架，一边画，一边向学生提问。哪里会，哪里不会，哪里一知半解，一目了然。

## 第九节　训练你的记忆力七：记忆技巧再高超，缺乏科学的复习也是白费劲

前面我分享了很多提高记忆效果的小技巧，但要想保证这些小技巧行之有效，还有两个大前提：①学习者要积极主动地参与到“阅读—知识内化—归纳整理—输出”的过程中，参与度越高、越积极，效果就越好。②学习者必须及时复习。复习不及时、回顾的次数不够，也会影响记忆效果。

说起复习，有两种常见的错误复习方式。一种是复习不及时，即当初掌握得很好，却因没有乘胜追击，而渐渐遗忘了；另一种是复习过度，恨不得每天把之前学过的都要再过一遍，导致任务量繁重。

“复习不及时”型
学完一个月后才复习！

“过于勤奋”型
学完每天看八百遍！

关于复习的两种错误认知

科学的复习方法讲究的是事半功倍，在必要的时间节点及时回顾即可。此时大家肯定会想到艾宾浩斯遗忘曲线。那该如何利用艾宾浩斯遗忘曲线制定复习计划呢？

研究人员通过实验发现，科学合理的复习时间节点分为短期记忆复习周期和长期记忆复习周期。短期记忆的复习周期分为3档，分别为5分钟后、30分钟后、12小时后；长期记忆的复习周期分为5档，分别为1天后、2天后、4天后、7天后、15天后。

你在复习时可以直接按照以上时间节点回顾背诵即可。举个例子，大家都背诵过英语单词吧，可能你也有过一边背诵一边遗忘的困扰。尤其是背诵的单词多了，都不知道该如何复习。如果全部复习，通常没有充裕的时间和精力，哪怕偶尔努力完成过一次，下次也会百般拖延，严重打击学习的积极性。但如果不复习，之前背诵过的又都忘了。

假设你要背诵10组单词，每组30个单词，每天完成一组。那么你该如何运用艾宾浩斯遗忘曲线来制定复习计划呢?

第一天要背诵第一组单词，我们将其标注为A。背完之后，A组单词要在5分钟后、30分钟后、12小时后分别复习一次，然后在1天后、2天后、4天后、7天后、15天后再分别复习一次。

第二天背诵第二组单词，我们将其标注为B，复习规律和上面一样，以此类推。我们可以用表格的方式来记录，这样就不会乱了。

通过这份复习节点表格，我们在什么时间复习哪组单词就变得一目了然了。就像是课程表一样，按部就班地去做，不用再掰着手指头算具体的复习时间。

复习时可以提前分好组，确定每日的学习内容，接着用便签标记好字母。在学习日期一栏写上具体的时间，然后按照下图模板所标注的复习节点进行回顾即可，完成一项就打个勾，等整个复习计划完成后，看着满满的小红勾，心里成就感满满。该模板只计算了10组学习内容的复习节点，如果你的复习内容超过10组，只需在后面的空白格处补充完整即可。

| 学习日期 | 学习内容 | 复习内容（长期记忆） | 复习时间节点 | | | | | | | |
|---|---|---|---|---|---|---|---|---|---|---|
| | | | 短期记忆复习 | | | 长期记忆复习 | | | | |
| | | | 5分 | 30分 | 12小时 | 1天 | 2天 | 4天 | 7天 | 15天 |
| | A组 | | A | A | A | | | | | |
| | B组 | A | B | B | B | A | | | | |
| | C组 | A+B | C | C | C | B | A | | | |
| | D组 | B+C | D | D | D | C | B | | | |
| | E组 | A+C+D | E | E | E | D | C | A | | |
| | F组 | B+D+E | F | F | F | E | D | B | | |
| | G组 | C+E+F | G | G | G | F | E | C | | |
| | H组 | A+D+F+G | H | H | H | G | F | D | A | |
| | I组 | B+E+G+H | I | I | I | H | G | E | B | |
| | J组 | C+F+H+I | J | J | J | I | H | F | C | |
| | | D+G+I+J | | | | J | I | G | D | |
| | | E+H+J | | | | | J | H | E | |
| | | F+I | | | | | | I | F | |
| | | G+J | | | | | | J | G | |
| | | H | | | | | | | H | |
| | | A+I | | | | | | | I | A |
| | | B+J | | | | | | | J | B |
| | | C | | | | | | | | C |
| | | D | | | | | | | | D |
| | | E | | | | | | | | E |
| | | F | | | | | | | | F |
| | | G | | | | | | | | G |
| | | H | | | | | | | | H |
| | | I | | | | | | | | I |
| | | J | | | | | | | | J |

肯定会有小伙伴问：真的必须严格执行复习表格上规定的时间吗？如果间隔12小时的时间正好是凌晨三点，我也需要爬起来复习吗？复习的次数太多，学生党、上班族时间紧张，感觉很难落实下去。

我在日常实践中发现，短期记忆的时间节点没有必要严格执行，可以调整成5分钟后、1小时后、午睡前、晚上睡觉前复习。

英国约克大学的研究人员发现，如果人在睡前的一段时间内进行过专注的学习，然后马上去睡觉，这段睡眠对记忆效果有着明显加强的作用。

瑞士苏黎世大学和弗里堡大学的研究人员做过这样一个实验：他们找来一批母语是德语的学生，把他们分成两组，一组为“睡眠学习组”，另一组为“清醒学习组”。两组学生一同学习荷兰语单词，然后测试学习效果。睡眠学习组的学生完成学习任务后就去睡觉，等他们睡着之后研究人员会继续在他们耳边播放所学的荷兰语单词。清醒学习组的学生则是完成学习任务之后，在清醒的状态下反复听单词。第二天上午的测试成绩显示，睡眠学习组的学生对昨天学习的单词掌握情况更好。当然，实验也表明，睡着后播放的单词必须是学过的单词，妄想通过睡觉来学习陌生单词的小伙伴可要失望了！

为什么在睡觉前学习，甚至是睡着后播放学习音频会提高记忆效果呢？布朗大学、斯坦福大学和凯斯西储大学组成的科学团队在两名志愿者的大脑运动皮层中植入了特制的微电极，借此清晰观察大脑中神经元的放电活动。研究人员让两名志愿者玩一个叫做“西蒙”的记忆测试游戏，游戏规则大致是这样的：屏幕上的四个色块会按不同的顺序点亮，志愿者只需按照先前色块的点亮顺序点击即可。玩了一会儿之后，测试者需要小睡30分钟，醒来之后继续。科学家们在分析志愿者的神经信号后发现，志愿者在玩游戏和游戏后睡觉的时间里，大脑的神经元都重复着相同的放电模式。也就是说，即便睡着了，志愿者的大脑依旧在继续重复着刚才的记忆游戏，即大脑在清醒时的神经放电模式会在入睡之后继续“脱机回放”，这就解释了为什么睡前学习能巩固记忆。

学习完马上睡觉，大脑并没有“睡着”，而是依旧在进行信息传递

睡前学习可以提高记忆效果

睡前学习然后去睡觉，此时虽然人睡着了，但大脑依旧在勤奋地工作着。大脑细胞相互传递信息的神经树突会变得很活跃，促使

神经元树突产生了更多的链接，加强了信息传播通道的作用，让知识在大脑中“重播”，于是更有利于加强记忆效果。而睡着后播放已学过内容音频的方式也并不是妄想不劳而获，而是在帮助人们唤醒记忆，诱导大脑更好地“回放”刚才学过的知识。

如果你早上背诵了一组单词，那么就可以在背诵后的大约5分钟、1小时后各进行一次简单的测试，然后在午休前、晚上睡觉前再分别进行一次简单测试，测试之后就去睡觉。第二天早上就可以背诵第二组单词，并进行第一组单词的复习。如果情况允许，你还可以将长期记忆的复习节点设置在睡觉前，这比睡觉前玩手机或躺在那里胡思乱想要有意义得多。

有的小伙伴在复习时过于随意。他们是这样做的：将学习资料翻出来读上几遍，或是眯着眼背诵，只要大脑一卡壳就立刻打开书看一眼，然后继续背。这样的复习方式是很低效的。要想将知识点记得牢固，必须主动增加知识的提取次数。大脑的神经突触在收到信号刺激之后并不会直接形成新的神经回路，而是需要反复刺激多次之后才会建立起较为稳定的连接。这就好比刚下了一场大雪，你深一脚浅一脚地走在厚厚的雪地里，回头望去只有一行脚印。但只要来来回回多走几遍，就能踩出一条路来，这样下次再走时速度就会更快了。主动增加知识的提取次数能够加强大脑相关的信息传递，也就记得越深刻，需要用到时也能快速检索，信手拈来。但要想达到这种水平，不是简单地重复阅读就能够做到的。

认知领域的研究人员做过这样一个实验，他们准备了一份阅读资料，分别交给三组志愿者。要求第一组志愿者将资料阅读10遍；要求第二组志愿者阅读10遍，第二天再读1遍；要求第三组志愿者阅读10遍，第二天进行一次相关的考试。

哪一组的记忆效果更好呢？最后检测出第一组的记忆效果最差，第二组较好，第三组最好。由此可以看出，及时复习可以加强记忆效果，但更有效的还是通过考试的形式来复习。

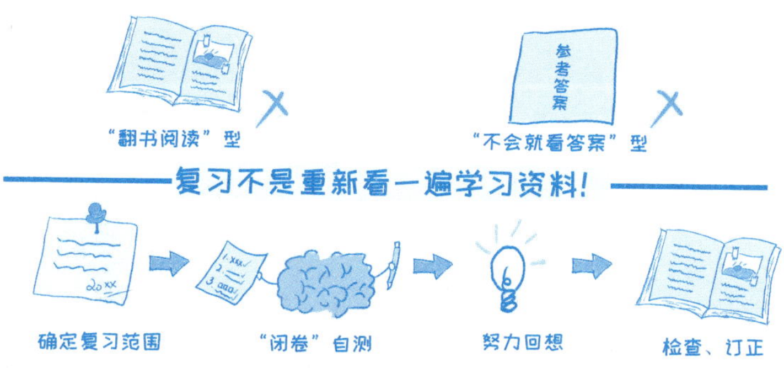


正确的复习方式：“考试”型复习

你的复习方式必须让大脑经历一些“痛苦”和“折磨”，不要在回忆时翻书提醒自己，而是要努力地回想，想方设法地联想相关线索来启发自己。实在想不出来也不要直接看答案，而是做好标记，先回忆其他知识点，最后再重新识记没有记住的部分。这样的复习才是有效的。

科学家盖兹发现，如果识记和回忆的比例达到1：4，记忆效果最好。比如，在复习时看一遍知识点，然后在脑海中回忆四遍，还可以在一周内多做一些相关的试题，闭卷作答，加强复习效果。

## 第十节　训练你的记忆力八：听、读、写、看——全感官刺激法

在识记的过程中主动调动的感官越多，识记效果越好。但在生活中，我们几乎只是孤立地使用视觉、听觉、触觉来记忆，很少让其协同工作。如果你需要背诵英语单词或者课文，不妨将眼睛、

调动的感官越多，记忆效果越好！

嘴巴、耳朵和手都调动起来，眼睛看一遍，耳朵听一遍，嘴巴读一遍，手再写一遍，这样，在全感官的刺激下，新知识点会被大脑更快吸收。

具体怎么做呢?

**第一步：确定要背诵的内容，通读后进行理解分析**

背诵任何知识点的第一步永远是先明确目标，然后再去理解信息。前面的章节中我分享了很多记忆的技巧，你可以利用这些小技巧更好地理解内容。如果背诵的是英语单词，也可以提前在网络上搜索一下，看看有没有谐音法、词根词缀法等更简单的记忆方法，如果有，可以将其写在旁边。如果背诵的是政治、历史、地理等学科的大段文字，则可以先用思维导图等工具整理出知识框架，理解分析之后备用。

**第二步：准备音频**

如果你背诵的是英语单词、课文，可以先搜索、下载好相关的音频。但如果你背诵的内容没有现成的音频资源，则可以用手机的录音功能，在安静的环境里将需要背诵的内容一字一句地朗读出来，保存成音频文件即可。

**第三步：跟着音频一边听一边读，练习到熟练为止**

经过前面的内容理解和分析之后就可以用手机播放音频文件了，一边听录音一边看着课文跟读，最好不要默读，而是要读出声来，一字一句、清清楚楚地朗读，直到熟练为止。

如果是大段的文字性内容，则可以根据前面整理的知识框架分成多个部分，完成一个部分的理解、朗读和记忆之后再进行下一部分。

**第四步：利用手机的变速功能将音频播放速度调快，跟读到熟练为止**

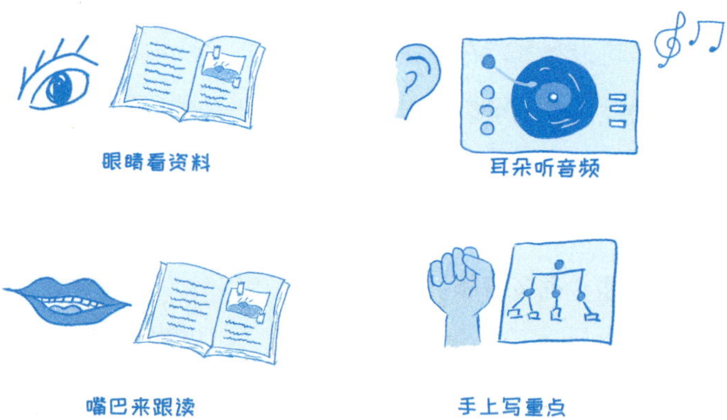


当你可以熟练跟读音频之后就可以主动“刁难”一下自己——将音频的播放速度调快，然后继续跟读到熟练为止。不管是你从网

络上下载的音频文件，还是自己录制的音频文件，都可以将其导入播放器，然后进行变速调节。你可以从1.1倍速开始挑战，如果该播放速度一遍就能通过，那就继续调快到1.2倍速。音频播放速度变快后跟读就会变得吃力起来，这是正常现象，只要某一句没有跟上或是念错，就暂停一下，然后往回调整进度，继续重复跟读这一句，直到可以适应新的速度，朗读得清楚且熟练。一般来说，将音频播放速度最高调整到1.5倍速就已经足够了。

不要小瞧这个变速跟读的方法，因为当朗读的速度快到一定程度时，你的嘴要比大脑反应得还要快，在不知不觉中你就通过这种“耳朵、眼睛、嘴巴同步努力”的方式将要背诵的内容记在心里了。

如果你背诵的是英语单词，那么还可以拿出一张纸，一边快速跟读，一边手写，这样就又打通了一个感官刺激通道，加强了识记印象。

**第五步：在纸上写下关键词，然后闭上眼睛回忆**

通过上面的理解、分析、归纳及熟练变速跟读后，你对内容的掌握程度已经达到了七八成。此时你可以拿出一张纸，在上面写下要背诵内容的关键词，然后闭上眼睛开始尝试背诵。

如果你背诵的是英语单词，则可以直接在纸上写下单词的中文释义，再一边拼写一边跟读。一定要大胆地写下你的答案，然后再检查，有错误的地方用红笔勾画出来，再进行几次变速跟读之后去默写，直到背会。

如果你背诵的是大段文字，则可以根据知识框架写下关键词，然后背诵。有拿不准的或是“断片”的地方，用笔快速标记后直接跳过这一部分继续背诵。完成之后不要急着翻书，可以回忆一下之前制作的思维导图、记录的背诵技巧线索等，尽量引导大脑回忆起来。实在不行，再去翻书跟读。就像我前面所讲解的，在回忆知识时要故意“刁难”大脑，让它一直主动、积极地思考和回想，而不是一“断片”就翻书找答案，没有付出努力的回忆，效果是极其有限的。

**第六步：闭上眼跟着音频进行变速背诵**

播放音频可以从1.0倍速开始，一边听一边跟着背诵。如果能成功挑战在1.5倍速下清清楚楚不卡壳地背完，那么恭喜你，这个知识点已经被你彻底攻克，牢牢记在脑子里了。

日后复习时可以先进行变速背诵测试，记录自己不熟练的地方，然后再尝试回忆，之后继续挑战。在测试完成后可以看着资料进行快速的变速跟读，接着进行一遍变速背诵即可。

## 第十一节　训练你的记忆力九：讲课式记忆法，让记忆力和表达力双双提高

一些记忆大师在分享快速记忆的心得时经常会提到联想法、谐音法、照相法、故事法等技巧，有的小伙伴也会将其应用在学科学习上，但总感觉效果不是很好，给人一种越背越多、越背越乱的感觉。这是为什么呢?

比如你需要记住这串数字：498733957。我们可以先通过谐音法将这串数字转变成有意思的词汇，接着组合成一个故事，这样就将完全没有规律的数字变成了一个更好理解的场景，从而达到准确记住该数字的目的。

其中“49”可以记为“四舅”，“87”可以记为“吧唧”，“33”可以记为“姗姗”，“957”可以记为“救我旗”，这样就

能组合成一个有趣的小故事：四舅吧唧摔了一跤，救援的人姗姗来迟，四舅立起了一杆“救我”的旗子。

怎么样？原本感觉背诵起来毫无头绪的数字是不是一下子就变得生动有趣了起来？只是借助谐音编了一个故事，就将这串没有规律的数字记住了。这样看来，谐音法、故事法等技巧是很有用的。可为什么用它们来背诵学科知识就不管用了呢？

我们学习高效记忆法的目的大多是应试或是满足提升知识储备等需求。这类信息的共同特点是有意义、有逻辑性，并不是完全无序的文字或数字组合。而很多记忆大师所分享的技巧，如谐音法、象形法、故事法等，都是为了参加记忆大赛，快速记忆无序材料的。也就是说，这些技巧是为了给那些无序无义的信息强行施加一个逻辑、规律和意义，以方便大脑进行识记，但对于那些本就有意义和逻辑的学科内容，再使用谐音法、联想法等技巧则完全没有必要，反而扰乱了其原有的内容逻辑体系，增加了记忆量，导致越背越乱，越背越多。

对于绝大多数学科内容而言，有一种记忆方法的效果是最好的，专治记得慢、记不牢、理解力差等问题，它就是——讲课式记忆法！

讲课式记忆法一共分为四个步骤，分别为：理解和联系、梳理归纳、浓缩提炼、复述讲解。

**第一步：理解和联系**

拿出你要背诵的资料，先通读一遍，理解其主要讲的是什么意思。

遗嘱的有效要件为：

（1）遗嘱人须有立遗嘱能力。

（2）遗嘱须是遗嘱人的真实意思表示。

（3）遗嘱不得取消缺乏劳动能力又没有生活来源的继承人的继承权。

（4）遗嘱中所处分的财产须为遗嘱人的个人合法财产。

（5）遗嘱须不违反法律、社会公共利益和社会公德。

（6）遗嘱中应保留胎儿的继承份额。

要想高效学习，第一个要求就是要理解资料中的每句话到底在讲什么。也许你会觉得我说的这句完全是废话，背诵之前肯定要了解意思呀。可是在实际学习中，有很多小伙伴连意思都一知半解，就急吼吼地开始背诵了。在分析每句话的含义时不用挨个查阅每个词的意思，更不用记笔记，你可以多联系生活中的案例、经验，用已有的知识口头解释一遍即可。

在遗嘱的有效要件中，第一个条件是遗嘱人须有立遗嘱能力，这是指只有具有完全民事行为能力的人才有设立遗嘱的行为能力。

比如，刘老伯晚年时得了老年痴呆，后期连人都记不得了，根本无法辨认自己的行为，经过医院鉴定，刘老伯已经无民事行为能力。那么，在这种情况下，他就不具备立遗嘱能力了，即便设定遗嘱，也是无效的。

第二个条件是遗嘱须是遗嘱人的真实意思表示。立遗嘱必须是遗嘱人的真实意愿表达，如果是在被强迫或伪造、篡改的情况下产生的，那这份遗嘱肯定是无效的。

第三个条件是不得取消缺乏劳动能力又没有生活来源的继承人的继承权。这就好比周先生的小儿子虽然已经成年，但因为交通事故丧失了劳动能力，没有经济来源。虽然周先生更疼爱大儿子，但在立遗嘱时也不得取消小儿子的继承权。

第四个条件是遗嘱中所处分的财产须为遗嘱人的个人合法财产。这条就更好理解了。遗嘱人可以处置自己的财产，但要处置别人的财产，或是自己的财产是非法取得的，法律肯定就不支持了。

第五个条件是遗嘱须不违反法律、社会公共利益和社会道德。比如，钱先生婚内出轨张女士，并一直与其在外同居。钱先生在检查出癌症之后就立下遗嘱，表示要将自己的一套房产和一辆车子遗赠给张女士。钱先生去世后他的妻子拒绝按照遗嘱执行财产分割，于是张女士将她起诉到法院，要求按照遗嘱分割财产，最终法院判决遗嘱无效，原因是这份遗嘱是钱先生和张女士在非法同居的关系时立下的，这种赠与行为违反社会道德，因此是无效的。

通过这样的口头解释、联系案例等方式，不仅让抽象的知识变得生动、具体起来，还能主动搭建更多的回忆线索，在日后背诵时即便忘记了，也能通过联想案例回想起来。

不要小瞧案例的作用。上课时老师为了给我们讲清楚一个知识点，往往会列举很多例子。讲课式记忆法就是以教为学，自己既是老师，也是学生。如果你实在想不到例子，也可以从网络上搜索。

**第二步：梳理归纳**

理解了意思，联系了案例之后，千万不要急着背诵，而是要先简单地梳理、归纳。

前文中关于遗嘱的要件，主要涉及四个方面，一是立遗嘱的人，即有效要件中的第1条和第2条；二是遗嘱中涉及的财产继承人，对应有效要件的第3条和第6条；三是遗嘱中分配的财产，对应有效要件的第4条；四是遗嘱赠与行为，对应有效要件的第5条。从遗嘱人到继承人，从分配的财产到赠与行为，这样我们识记起来的思路就非常清晰了。

将资料按照某种关系进行梳理归纳，最大的好处就是思路变得更明确了，不会像一团胡乱缠绕的毛线，读起来都晕晕乎乎的，更别说准确记忆了。梳理过后，记忆量也一下子减少了，在背诵时大脑中会有一个提纲，提醒我们下一条是关于哪个方面的，就像有提词器一样。

**第三步：浓缩提炼**

这一步就是将上一步归纳整理出来的思路进一步浓缩提炼成关键词。比如，遗嘱的有效要件一共有6条，但我们可以将其浓缩提炼成三个关键词，分别为“人”“钱”“行为”。

“人”是指遗嘱人和继承人，“钱”是指遗嘱人在遗嘱中分配的财产，“行为”是指遗嘱人的赠与行为。其中关于遗嘱人的两条有效要件又可以浓缩提炼成“能力”和“真实”。

这些关键词就像是一个个路标，在背诵和回忆时由它们来帮你指路，这样你自然就不会在记忆的森林里迷路了。

**第四步：复述讲解**

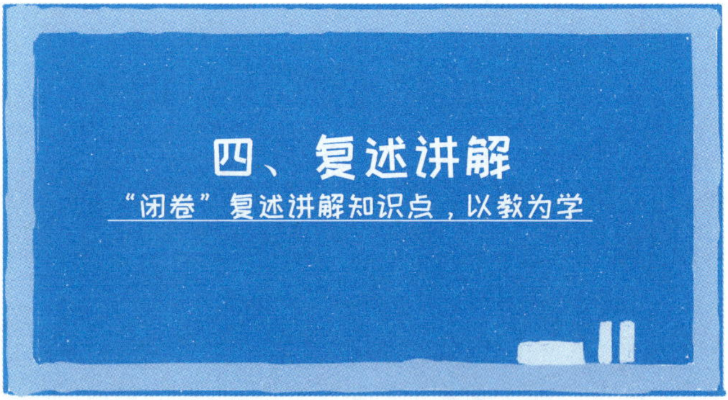


复述是最好的学习方法，没有之一。为什么呢？当你学会一个新的知识点，要想把它复述给别人，还要讲清楚，就必须自己先真

正理解，然后用通俗易懂的语言正确地表达出来。因此，在生活中经常锻炼自己有效复述的能力往往一举多得，不仅能使知识点记得更加牢固，还会理解得更透彻，将之前没有意识到的疑难点一一扫除，表达能力也更强了。

学习可以分为被动学习和主动学习。被动学习的方式有听讲、阅读、试听等，主动学习的方式有演示、讨论、实践和教授给他人等。主动性越强，学习效果越好。其中教授给他人的知识留存率高达百分之九十，而复述讲解就是教授给他人的核心步骤。

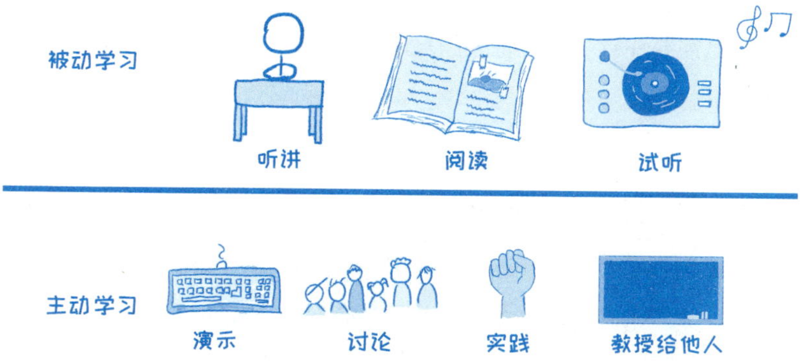


我妈妈有位同事，因为身体残疾，小学没读完就被迫辍学了，但她的女儿从小成绩就好，身边的朋友都很好奇她是如何教育孩子的。这位阿姨说，自己和丈夫都没文化，根本没办法辅导孩子，更没有钱给孩子补课。于是从孩子读一年级起就要求她每天放学后将当天所学的功课讲给自己听，他们家晚上从来不看电视，每天孩子写完作业之后，两口子就趴在桌子上听“老师”讲课。

我从小在表达能力上要比同龄孩子强一些，这主要归功于我的妈妈。小时候家里条件不好，妈妈没有多余的钱给我买故事书，于是就将亲戚家哥哥、姐姐看过的课本或学科杂志之类的书都搬到家里。她还专门给我买了个小黑板，让我自己“哄”自己玩。于是我每天的娱乐就是自己当小老师，对着空气讲历史和语文。

总之，不管你是理解、表达能力差，还是记忆力差，都没有关系，平时多做复述讲解方面的训练，保准会有进步。

但需要注意的是，将知识复述给别人或“空气”听，并不是让你闭上眼将课本上的内容一字一句地背出来，那样和机械式的背诵没有任何区别。如果是一些理解性的知识点，你完全可以用自己的话来表达，就像老师讲课一样，将知识点掰开了、揉碎了讲清楚。如果是需要将原文记住的知识点，则可以先用自己的话快速“翻译”一遍，然后再背出原文。在识记阶段，这招可以显著提高记忆效率。这是因为你在理解得更透彻的基础上，先用自己的话将意思表达一遍，这样只需要着重重复几次原文的表达词汇就可以了，记忆难度就降低了。如果是复习阶段，甚至可以直接跳过“翻译”环节。

举个例子。

**宗法制指的是用父系血缘关系的亲疏来维系政治等级，巩固国家统治的制度。其目的是加强分封制形成的统治秩序，解决贵族之间的权力、财产和土地继承上的矛盾。**

对于这种需要完整记忆原文的知识点，在开始尝试记忆时可以先用自己的话口头分析讲解一遍。

古时候的统治阶级也有权力分配的矛盾，谁当一把手，谁当二把手？王室贵族的权力该如何交接呢？这些权力分配的会直接影响财产、土地继承等一系列利益，如果没有一个大家都“心服口服”的规定，就很容易导致混乱，影响政权和国家的稳定。于是宗法制出现了，按照王室贵族的父系血缘关系进行世袭统治，也就是“立嫡以长不以贤，立子以贵不以长”。为什么是根据父系血缘关系呢？因为古代是父系氏族社会，父权在家庭中占据统治地位。确立了宗法制后，权力交接就会变得相对稳定，大家都能“心平气和”地接受这种权力、利益的分配，政治环境自然也就相对稳定了。

口头“翻译”之后，原文的表达逻辑的难度就大幅度降低了。比如，古代贵族维系统治阶级内部秩序的方法是按照父系血缘关系排序的嫡长继承制，这对应的原文是“父系血缘关系的亲疏”。不用刻意背诵，只需多读几遍就能记住了。

在复述时你可以拿出一张纸当作小黑板，一边给“空气学生”讲解，一边用笔写下关键词或是画出思维导图，这就是你的“板书”。讲解时不要害羞，一定要讲出声音来，如果只是在心里默默地讲解，讲课式记忆法的效果就会大打折扣。因为不出声的讲解很容易分心，还会习惯性地用一些模棱两可的句子，以为自己理解了、表达清楚了，但实际上只是一知半解。只有大声表达，大脑才会认真地遣词造句。而且当你声情并茂地“讲课”时，你的感官都会积极参与进来。你的嘴巴在讲话，你的耳朵在倾听，你的眼睛在看着“板书”，你的手在写写画画……越多的感官参与，你的注意力就越集中，学习状态就越好，自然记得又快又牢固。

也许会有小伙伴说：“不是有研究表明，默读的记忆效果更好吗？为什么不能采用默读式讲解？我的复习环境不允许我大声说话呀！”不知道你有没有这样的体验：打开书安静地阅读着，表面上一副认真学习的样子，但实际上注意力早就跑出了十万八千里。脑子里想着周六要去看的电影、中午要吃的麻辣烫以及晚上还要组团“战斗”的游戏，看的时间一长，眼皮都开始打架了。

高效学习有两个劲敌，一个是意志力不足，另一个是注意力不集中。集中注意力的方法很简单，就是调动更多的感官参与进来，听、说、读、写同时进行，效果立竿见影。当然，如果你的学习环境并不允许你充满仪式感地大声“讲课”，那你也可以小声一点，只要发出声音即可。

讲课式记忆法之所以如此有效，是因为它是以输出为导向。如果你想更高效地释放该方法的“魔力”，那我就再教你一招吧，我称之为六环法。六环法是通过输出文章和行动的方式来提升所学知识的内化效果。

请拿出一张纸，然后在上面画上六个圆圈，在第一个圆圈中写上“概念”二字，即你要分享的知识点是什么，然后用自己的话表述清楚。在第二个圆圈中写上“问题”二字，即根据该知识点提出一个问题。在第三个圆圈中写上“回答”二字，即给出刚才所提问题的答案。在第四个圆圈中写上“案例”二字，即要引用一至两个案例来解释、论证该知识点。在第五个圆圈中写上“应用”二字，即该知识点能够运用在哪些地方，解决哪些具体的问题。在第六个圆圈中写上“心得”，根据自己的实践写下心得体会。如果输出之后遇到了更好的案例，或是发现该知识点还有其他作用，都可以补充到相应的模块当中。不管是备考还是看课外书，你都可以用六环法将其输出成文章，主动应用该知识点，分享自己的实践心得，等全部完成后还可以将其发表到朋友圈或是自媒体平台。

如果只是跟随着作者的思路读书，很可能读完之后就没有印象了。但通过六环法进行规整的输出，吸收知识的效率就会大大提高。很多时候我们在输出时之所以感觉很抗拒，主要是因为脑海中没有一个固定的表达格式，自然会感到混乱与烦躁。而在六环法的帮助下，我们的思路会变得很明确，每次只需针对一个圆圈的目标进行针对性的思考和表达，哪里遇到问题就马上写下来，然后去寻找答案。这种通过写作以及日常生活中的观察、实践和总结的方式的输出比单纯的口头复述效果更好。

第 三 章
CHAPTER THREE

# 提高深度思考能力，才能让学习变得高效

## 第一节
## 遇到问题别急着解决，先进行“黄金三问”

上学时我一直觉得学习比拼的就是意志力和记忆力，谁更愿意下功夫苦读，谁背得更熟，谁的成绩就更好。那时我还自我感觉良好，认为自己的学习能力很强。可等到毕业参加工作之后，才发现自己和公司里的“高人”之间的差距。在学习一门新知识、新技能时，我使用的依然是在学校应付考试的那一套方法，打开厚厚的书籍，从头到尾一字不落地看完，然后重复背诵里面的知识点。可在实际的工作和生活中，这种学习方法注定是低效且死板的。上司要求我做一份项目策划，我的第一反应是崩溃和迷茫，根本没有任何头绪。只能眼睁睁看着同事在白板上快速、清晰、直观地将解决方案展示出来，收获上司的好评。那时我才意识到，人和人学习能力的差距，并不在于记忆力和意志力，而在于认知能力！

怪不得上学时班里的尖子生并不会采用题海战术，他们很少熬夜，往往做一道题就能掌握一类题，总能很轻松地考高分。怪不得我平时花钱买了那么多网课，总是听的时候感觉学会了，可等到实际练习时大脑却是一片空白。我一直觉得是自己背诵得不够刻苦才收效甚微，却从未考虑过自己的学习方法是否正确。

不管你是在校学生还是成年学习者，我都强烈建议你不要将“应试得高分”作为学习的第一目标，而是要利用一切能够调动的学习资源刻意锻炼自身的认知能力，这样才能从根本上提升学习能力，才能让你真正体会到豁然开朗、融会贯通的感觉。

电影《教父》中有这样一句台词：“半秒钟看清事物本质和一辈子都看不清本质的人，命运注定是不同的。”学习也是如此，思考上的通透或混乱决定了你执行效率的高或低。为什么有的人能一分耕耘十分收获，而有的人却是十分耕耘一分收获？归根结底就是认知能力上的差距。

刻意锻炼认知能力的第一个方法，就是在学习中要试着往“根”上思考，一点点地引导自己由浅入深地探索。我们从小到大经历过那么多考试，在复习时也有许多经验，只要看到“根本原因”“根本原则”“根本属性”“根本目的”等字样，不用问就知道这些都是考试重点。但我们对此的态度仅仅局限于多背几遍，平时却懒得往事物的“根”上思考，时间一长就容易养成考虑事情过于表面，没有条理的坏习惯。

那么，在生活中我们该如何练习，以达到增加思考深度的目的呢？第一个方法就是：遇到问题别急着解决，先进行“黄金三问”！是哪三个问题呢？也许你已经猜到了，它们分别是：是什么？为什么？怎么办？

与其说大脑是个“胆小鬼”，天生害怕遇到问题，不如说大脑害怕的是那种不确定感所带来的对未知的恐惧。为了快速消除这种恐惧感，大脑就会倾向于用最简单、最省时省力的方式解决问题。

大脑的“快速反应机制”习惯于
用最节省精力的方式“回应”问题，而不是解决问题

背诵单词不顺利，经常记不住，怎么办？大脑会告诉你：“继续背！一遍记不住就背十遍！”随堂测验的成绩不理想，怎么办？大脑会告诉你：“赶紧买本习题册，别人都在做题，题海战术准没错！”想要早起一小时却经常赖床，怎么办？大脑会告诉你：“必须早起！起不来就是意志力不坚定！”

很多时候，大脑的快速反应机制制定的执行策略未必是有效的，因为它总想用最快速、最省力的方法来解决问题，因此就不会深层次地分析问题，只是针对表面现象做出反应，而忽视了问题的本质。结果费了半天劲也是治标不治本，越努力反而越迷茫。

其实，每一次遇到问题时，都是大好的学习机会。可以将其写在纸上，然后自问自答，通过“是什么—为什么—怎么办”来引导自己探寻问题的本质，找到更好的解决方法。

比如，有段时间我经常熬夜，白天起不来，整天没精神，到了晚上又躺在床上玩手机，越玩越精神，每天都是凌晨一两点才睡觉。时间一长，我感觉自己的体质变得越来越差。有次洗澡时我看着手中掉落的头发，终于下定决心不再熬夜，每天晚上一定要在11点之前睡觉。可真正执行起来才发现太难了。

这个例子中急需解决的问题是什么呢？是如何有效戒掉熬夜的坏习惯。但如果顺应大脑的快速反应机制来想办法，极有可能是通过反复打压自己，一直重复不许熬夜的命令来尝试解决问题。可以看出，大脑为了省事，是习惯于在问题表面下功夫的：如何不熬夜呢？命令自己晚上11点就去乖乖睡觉！可如果只是简单的命令就能产生效果，我怎么可能还会因为熬夜而苦恼呢？难道我不知道熬夜伤身体吗？我也想早早睡觉，但就是控制不住自己呀！如果没有试着深层次思考，找到问题背后的根本原因，是很难有效解决问题的。我们可以试着用“黄金三问法”来分析。

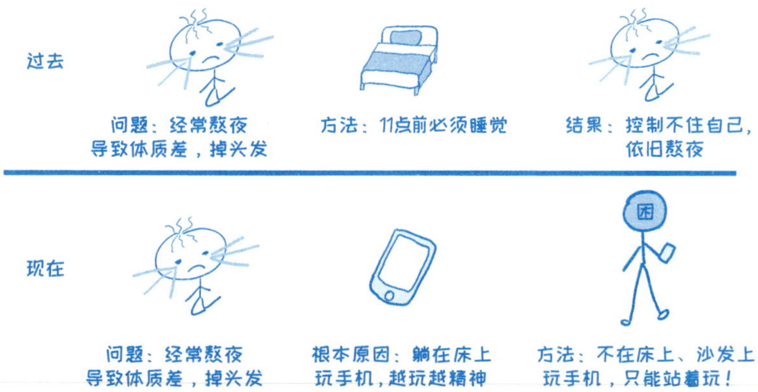


是什么：经常熬夜到凌晨一两点，无法做到在晚上11点之前睡觉。

为什么：晚上总喜欢躺在床上玩手机，一刷短视频就停不下来，越看越上瘾，到了该睡觉的时间还意犹未尽，不知不觉就到半夜了。

怎么办：手机不能带上床！不能在床、沙发等一切舒服的地方玩手机，要玩手机只能站着玩。可以靠着墙，一边站着训练形体一边玩会儿手机来放松精神。准备上床睡觉时，必须将手机放到客厅等远离床的地方，可以在床头放一个闹钟，以防第二天无法按时起床。

简单一分析就找到了问题的症结所在。为什么总是控制不住熬夜？因为躺在被窝里玩手机既舒服又有趣，自然就没有困意。找到造成该问题的根本原因就可以对症下药了。首先，要想玩手机就必须告别躺在床上、瘫在沙发上这些舒服的姿势，可以玩，但只能站着玩。其次，准备睡觉时不能把手机带到床上，这样自然就只能老老实实地睡觉了。

不管在学习还是在日常生活中，大家都可以多多使用“黄金三问法”来引导自己从事物的表面往本质探索，即便依靠自己已有的认知能力无法准确抓住事物的本质也没有关系，哪怕只前进一步也是好的。

## 第二节
## 平时多玩“探索”游戏，边玩边长见识

前面我们讲到玩手机、刷短视频都容易让人沉溺于短期快感，如果不加以节制，是非常浪费时间和精力的，长此以往还会导致注意力分散、熬夜成瘾，实在是高效学习的天敌。但这并不代表绝对不能玩手机。我们可以在平时刷视频时将其当作一个启发灵感的小游戏，先跟着视频博主的思路走，以此为引子，引导自己主动探索、思考并总结，这样就能一边看自己感兴趣的视频，一边从中汲取营养，锻炼自己的认知能力。

举个例子。前几天我在玩手机时刷到了一个讲解宋徽宗赵佶的视频。一说起宋徽宗，很多人都会认为他是个昏君，北宋就断送在他的手里，在“靖康之难”中更是被金军俘虏，受尽欺辱，

最终郁郁而终。如果仅仅是捧着手机，听着博主念稿子，我们多半只会在当下感觉很有收获，但看完之后大脑依旧是一片空白。

如何一边刷视频一边涨知识？

在进行“探索”游戏时，千万不要有“我什么都不会，我肯定找不到、找不对”的心理负担，你完全可以借助网络、书籍的力量，去寻找你需要的资料。还是那句话，你不是专家，不用保证自己总结的观点是完全正确的。我们多做这个练习的目的是调动大脑的积极性，从原来的被动接收变成主动搜索和思考，否则就会被碎片化、浅显化的信息“喂养”得越来越懒，导致独立思考和深度思考的能力越来越差。

说了这么多，那么到底该如何玩“探索”游戏呢？

**第一步：由启发素材确定要探索的主题关键词**

就拿刚才我提到的宋徽宗的视频为例。看完视频之后，我们可以在纸上写下自己最想要探索的主题关键词。可以是“靖康之耻”“宋徽宗赵佶”“宋室南迁”等，不用在乎你写下的主题关键词是否有分量，哪怕这些关键词并非该视频的重点也没关系。我们平时看的文章和视频都可以当作用于启发思考的素材，由此作为引导，让你对某些东西产生兴趣，渴望进一步拓展延伸。

我在纸上写下的关键词是“国贫兵弱”。为什么呢？因为在大家的印象中，北宋是中国古代历史上经济、文化最繁荣的时代，尤其是宋仁宗时期，经济发达，百姓和乐，君臣和谐。从1063年宋仁宗驾崩，到1127年“靖康之难”，短短64年，一个帝国就轰然倒塌了，而且是以东京沦陷、二帝被俘这样难堪、屈辱的方式覆灭的。按照常理，经济文化繁荣的北宋应该是国富民强的，但实际上却是国贫兵弱，这让我很感兴趣，于是便将其作为本次“探索”游戏的主题关键词。

**第二步：在纸上写下本次探索的方向**

主题关键词确定了，接着就可以在旁边写下探索的具体方向，比如原因、意义、背景、概念、经过、结果、方法，等等。我在“国贫兵弱”旁边写下了“原因”，即探索为什么经济文化繁荣的北宋却一直是国贫兵弱。

**第三步：通过书本、互联网、请教他人等方式寻找答案**

主题关键词有了，方向也有了，剩下的就是去寻找答案了。上学时，历史老师就讲过北宋最大的问题就是冗官、冗兵、冗费，这也是导致北宋在“国贫兵弱”的沼泽中越陷越深的原因所在。于是我顺着这条思路寻找资料，想要搞清楚为什么北宋会陷入“三冗”问题之中。

**第四步：理解素材，并写成探索报告**

众所周知，北宋开国皇帝赵匡胤是通过陈桥兵变、黄袍加身才当上皇帝的。自古以来，做皇帝讲究的是合法继承，赵匡胤的登基显然并不具备这一条件。因此，北宋的官家永远将内乱看得比外侵更可怕，主张“先平内寇，然后可以御外辱”。于是北宋的治国核心政策概括起来就两个字——防内！

如何防呢？

一是提供诱人的物质条件，让他们懒得叛乱。名不正、言不顺的皇帝巩固皇权的招式只有两个，要么严刑酷法镇压，谁不服气就杀谁；要么就宽以待人，通过优厚的福利条件安抚。北宋的皇帝们选择的是后者。北宋官员的待遇相当好，除本身的俸禄外，衣服、炭、茶、酒等均有补贴。为求国内安定，哪里出现灾荒朝廷就去哪里募兵，将潜在的反抗政权力量化为己用，防止内乱发生。但这些士兵却疏于训练，军纪涣散，不仅存在吃空饷的弊端，还造成了军队战斗力低下，多出现逃兵。

二是分散权力，防止一家独大。官家生怕权力过于集中，于是设立了多个部门相互制衡，日常处理一件事情需要多个部门一同参与，谁也不想承担责任，于是就互相推诿，事情越拖越多、越拖越大。就连打仗这种国防大事也是如此，枢密院负责调兵，三衙负责练兵，领兵打仗还需另设将帅，导致兵不识将，将不识兵，兵多却无力。

北宋就是这样一个外强中干的王朝，“严防内患”的政治策略让整个国家负担沉重，摇摇欲坠，养了一堆办事效率差，打仗能力更差的官员和士兵。“靖康之耻”让外表光鲜亮丽的北宋王朝轰然倒塌，但这个结局从北宋深陷于“冗官、冗兵、冗费”不能自拔的那天起就已经注定了。

查找到资料之后，我们就可以组织语言，用简单易懂的方式将自己理解的内容表达出来，还可以像我这样用图画的方式将关键词连起来，画到本子上。久而久之你就会发现，自己的思考、搜索、表达能力都有所提升。

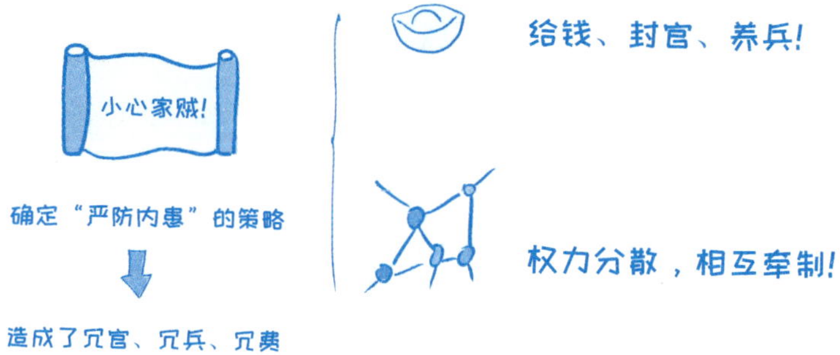


你瞧，由一个介绍宋徽宗的科普小视频，我们就可以通过读书、搜索资料等方式汲取到这么多有营养的信息，不怎么费力就能达到一定的思考深度。而多做根源性思考练习也能将你从海量的快餐式信息中解救出来，同样是看一个视频，你就能够比别人了解更深，收获更多。

## 第三节　在迷茫中前行，只需“打破砂锅问到底”

很多时候我们会感到迷茫、无力，不知该如何解决某个问题，或是实现某个目标。归根结底，是因为我们思考的深度不够，注意力只停留在问题的表面，没有抓住问题的本质，因此为之付出的努力再多也是事倍功半。正所谓“扬汤止沸，不如去薪；溃痈虽痛，胜于养毒”，因此，我们平时可以多练习“5WHY分析法”，不断地提问，引导自己一步步发现问题的本质。

5WHY分析法就是针对一个问题连续问自己5个“为什么”，从问题展现的结果入手，顺着因果关系的链条找到引起该问题的根本原因。当然，实操过程中可能不止需要提问5次，那就多问几个为什么，直到找出问题的本质为止！

很多时候，困扰我们的都是问题的“结果”
必须追根溯源，找到问题的根源所在

就拿我来说吧，我从小就有个作家梦，一想到自己坐在书桌前翻看资料，对着键盘噼里啪啦打字的情景，就心生向往。而出书是转型成作家，打造个人IP的关键一步。看到自己分享的知识被装订成一本本精美的图书，收到读者良好的反馈时，那种精神上的愉悦和振奋是金钱无法比拟的。可对当时还是一个普通上班族的我来说，实现出书的目标真的是难如登天。

当时倍感迷茫的我一直被“我如何能够等到出书的那一天”的问题困扰着，想要解决却一头雾水，根本无从下手。于是我就使用5WHY分析法，通过逐步提问找到了问题的关键所在。

问1：为什么没有出版社主动找我出书呢？

答：因为出版社的编辑根本不知道我是谁，我在哪，我擅长什么！

问2：为什么出版社的编辑不知道我是谁，我在哪，我擅长什么呢？

答：因为他们没有看到我的文章，不知道我的实力！

问3：为什么他们没有看到我的文章，不知道我的实力呢？

答：因为网络上没有我创作的高质量文章！

问4：为什么网络上没有我创作的高质量文章呢？

答：因为我没有将自己的作品发表到网络上！

问5：为什么我没有将自己的作品发表到网络上呢？

答：因为我不知道出版社的编辑会浏览哪些网站！

提问到这里我就已经弄清楚问题的关键所在了。我要想出书，就必须要通过优秀的作品吸引出版社编辑的注意，但问题的关键在于我不知道编辑们会看哪些网站！如果我找到了这个问题的答案，一切就好办多了，因为我可以将自己写好的作品发表到这些网站上，专注在一个领域里深耕，通过作品来展示自己的创作能力，一边吸引粉丝一边静候伯乐的到来。

5WHY分析法是给困扰自己的问题做一个“解剖手术”，找到“病根”之后再实施“治疗”。

事实证明，我当初的做法非常明智！我之所以能够顺利转型为作家，就是因为自己写的作品被出版社的编辑相中了，他们主动联系我，并邀请我出书。

总之，我们遇到的很多问题其实都是问题的结果，你要化身“好奇宝宝”，拿出一张纸，一问一答，帮助自己从结果入手，顺藤摸瓜，找到造成该问题的根本原因，然后再去着手解决。

## 第四节　如何让自己真正学会某个知识点

如何判断自己对某个事物、知识点、问题、规律的理解是否透彻呢？在上一章节中我讲过，提高知识留存率最好的方法是将知识教授给他人。你讲解复述得越简单易懂，理解得就越深刻。如果你讲得越来越复杂，让对方听得一头雾水，那肯定是你的理解深度或表达方式存在问题。

复述时建议按照这个公式来讲解：概念解释+打比方+举个例子。即先用自己的话陈述概念，接着再打个比方，用对方较为熟悉的事物解释该概念，然后联系生活实际、以往的经验或原有的知识储备举个例子。

如何真正理解透彻一个知识点？

陈述概念是在锻炼精炼且准确表达的能力，打比方是在锻炼本质思考和形象生动说明的能力，举例子则是在锻炼联系已有经验、调取知识实例及阐述的能力。这三个步骤都完成了，你对该知识点、现象或问题的理解就更为深刻了，既不容易忘，日后有效输出和应用的概率也会更高。如果在哪个步骤卡壳了，那接下来的目标就相当明确，“缺哪儿补哪儿”就行，不会举例子就去找例子，不会打比方，就在网络上、书本中查找相关讲解。但是要记住，这种行为属于看了“参考答案”，你只知道答案的意思，输出答案的能力仍未具备。“参考答案”只能作为思路的引导和启发，你必须强迫自己重新“做题”，直到能自己给出答案。

具体如何使用呢？在这里，我给大家做一个小小的示范吧！

## 一、陈述概念

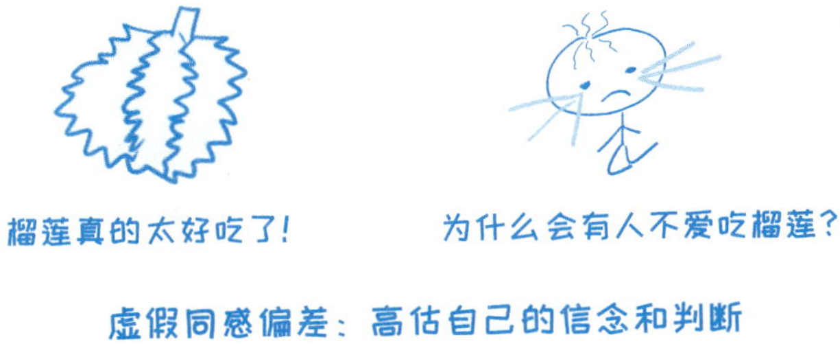


前几天我看书时新学了一个心理学概念，叫虚假同感偏差。什么意思呢？就是人们会无意间夸大自己的信念、意见、喜好、特征、行为的普遍性，觉得自己拥有的某种特性别人肯定也有。当他们发现和这一信念相冲突的现象、信息时，依旧会固执己见。自己爱吃榴莲、香菜，就觉得别人也一定很爱吃，如果发现别人不爱吃，还会非常不理解，质疑别人为什么不爱吃。这就是自身建立的一种虚假性的普遍同感认知，是一种认知偏差现象。

如果能在“闭卷”状态下像我一样把这个概念讲解清楚，你就合格了。

## 二、打比方

当我们尝试了解某个新事物，弄懂某个复杂的知识点时，会依靠已知事物和新事物之间的联系来增进了解，其中打比方就是提高理解效率与深度的好方法。它利用两种不同事物的相似之处突出事物的性状特点，用熟悉的事物来降低认知门槛，让对方一听就懂。

打比方要想用得恰到好处，有两个关键点：①本质属性相同，即要解释说明的事物和要打比方的事物的关键属性是相同的。②将复杂的问题简单化，即用简单、熟悉的事物比喻复杂、难懂甚至陌生的事物。复杂、陌生的知识容易让人产生畏惧感，提不起兴趣，听又听不懂。但打比方就能将原本晦涩难懂的事物用一种更容易听懂的方式表达出来，降低了理解的难度，但本质道理却是一样的，自然能帮助对方更快地理解问题。

我们在平时练习打比方时也要用上述两个标准自查，看看自己的说明是否合格。

比如经济发展速度的影响问题。如果经济发展太快，就容易出现投资过热、通货膨胀、财富分配过度集中、资源透支和过耗等问题；如果经济发展太慢，则会影响人们的生活水平和投资信心，就业压力大，容易激发社会矛盾。有位经济学家用骑自行车说明了这个道理。经济发展就像骑自行车，骑得太快就容易撞车；骑得太慢自行车就不稳当，容易摔倒。所以骑车的速度要不快不慢，刚刚好。用骑自行车这种常见的行为来比喻经济发展，虽然从表面上看两者八竿子打不着，但两者因速度而产生影响的本质属性是一致的。

社会心理学家乔纳森·海特在《象与骑象人》一书中写道：“人的心理一直有两套处理系统在运作——控制化处理过程和自动化处理过程……大部分的心理历程都是自动发生的，根本无须我们有意识地去注意或控制它。大部分的自动化处理过程均属完全无意识状态，尽管某些部分显示出有自觉。比如，我们会觉察到似乎有流动的‘意识流’，它遵循自己的联想规则，无须‘自我’花任何感情在上面，或费力去引导……和自动化处理过程相对的就是控制化处理过程，这种思考相当费神，一切得按步骤来，所以往往占掉我们大部分的意识……控制化处理有其局限性，我们一次只能有意识地思考一件事，但是自动化处理却能多轨同时进行，且立即处理许多任务……单靠意志力，控制化系统是很难打败自动化系统的。控制化系统跟一紧绷便疲惫不堪的肌肉一样，很快就疲软无力，举白旗投降。”[1]

通读一遍之后你的感受是什么呢？也许是疑惑不解，也许是似懂非懂。别着急，乔纳森·海特打了一个很巧妙的比方：“骑象人扮演的是顾问的角色，也是一位仆人，他不是国王、总裁，也不是能紧控缰绳的马夫。骑象人是加扎尼加所称的‘诠释模块’，它是

[1] 乔纳森·海特. 象与骑象人[M]. 李静瑶，译. 杭州：浙江人民出版社，2012.

有意识的、控制后的思考。相反，大象则是骑象人以外的一切。大象包含我们内心的感觉、本能反应、情绪和直觉，这些都是自动化系统的组成要件……骑象人看得远也想得远，只要跟其他骑象人交谈一下，或研究一下地图，他就能学到宝贵信息。但是，骑象人无法在违背大象本身意愿的情况下命令大象。”

要顺应规律，让两者实现合作，而不是对抗！

看完作者的解释是不是一下就有了顿悟的感觉呢？我们内心的感觉、情绪、直觉和本能反应就是那头大象，而我们的理性思考就是骑象人。生活中，我们总感觉无法控制自己的行为，明明心里无比清楚此时此刻应该拿起书本学习，但就是忍不住打开手机玩游戏；明明知道过度饮酒伤身，但就是忍不住举起酒杯喝得酩酊大醉。我们一直以为骑象人就是大象的主人，手里紧紧握着驾驭大象，改变行进方向的缰绳，但事实上骑象人只是一个顾问。我们生活中的绝大多数言行举止和思考都是本能和习惯的产物。也就是说，大象想要去哪里就去哪里。骑象人虽然站得高看得远，能够做出更好的决策，但力量和大象差距过大，任凭如何拽动缰绳，也很难左右其方向。这也许就是造成人们痛苦的根源所在，心里想做却总是做不到，感到无力、焦虑与自责，一直活在激烈的心理冲突之中。难道骑象人真的一点作用都无法施展吗？当然不是。要想有效传达骑象人的命令，必须要在不违背大象本身意愿的情况下进行。说白了，大象也是个“顺毛驴”，要想合作愉快，就必须在了解这种关系的基础上顺应规律，一味地硬碰硬只会输得更惨。

通过打比方的方法调动熟悉的事物解释新知识，是检验你对其理解程度的好方法。打完比方之后，你还可以像我演示的那样简单分析一下，效果会更佳。

**三、举例子**

我们学习知识不仅是为了应付考试，更多的是为了解决问题。最低效的学习就是死记硬背之后却不知道学到的知识有什么用，对解决哪些问题有帮助。让知识落地，联系生活实际是非常重要的。而举例子恰好能拉近我们与知识之间的距离，让其不再高高在上，是加深理解，激发主动应用知识积极性的利器。

日常生活中我们该如何提高举例子的能力呢？方法并不难，归根结底就是要锻炼自己有目的地调取例子与搜索例子的能力。我们需要主动搜索的例子有两种，一种是为了论证某个道理，另一种是为了论证某个方法。

比如我在前面提及的虚假同感偏差，你能举出几个相关的例子吗？“砍柴的以为皇帝都挑金扁担”“民间闹饥荒，晋惠帝问‘何不食肉糜？’”“有一种冷叫做妈妈觉得你冷”等都是典型的虚假同感偏差案例。

上初中时班主任组织了一次投票选举班干部的班会，我的好朋友角逐班长一职，当她充满激情地演讲过后，我觉得她的表现棒极了，班里绝大多数同学肯定都会投票给她。可等到票数公布之后才发现，只有8个人投了她，这让我和她都感到十分意外，实在想不出高票当选的同学有何过人之处，甚至还会忍不住猜想他是不是做了什么小动作，总之就是不服气，觉得他赢得莫名其妙，这也是虚假同感偏差。我们高估了自己的判断，并将自身的想法强加到了别人身上，假定别人和自己的想法是相同的，如若发现对方的想法并非如此，就会觉得他们很奇怪。

1977年，斯坦福大学社会心理学教授李·罗斯和他的团队进行了一项实证研究。

研究人员在大学校园里进行了一项问卷调查，并邀请路过的大学生参与到“人形广告牌”的宣传活动中，他们需要在身上挂上

“来乔的饭店吃饭”的广告牌，并在校园里闲逛30分钟。实验人员只是告诉参与者，参与到这项活动中会学习到一些有用的东西，除此之外没有任何其他承诺。在统计愿意参与活动的人数时，研究人员发现了一个有趣的现象：在同意化身为人形广告牌的大学生中，有62%的学生坚定地认为别人肯定也会这样做。而那些不同意挂广告牌的学生中，只有33%的人觉得别人会同意挂广告牌。

参与测试的学生们的心理活动也很有意思。同意挂广告牌宣传的学生不理解为什么会有人拒绝宣传，他们觉得挂广告牌并不是难以接受的事情，并认为那些拒绝宣传的人缺乏乐于助人的精神，是假正经。同样，在拒绝宣传的学生眼里，那些同意挂着牌子满校园溜达的人才让人难以理解，肯定是为了做些出格的事情来吸引眼球。夸大自己的信念和判断，认为和自己认知不符的都是不正常的，这就是虚假同感偏差。

以上这些例子都是为了说明虚假同感偏差这个概念。接着，我们还可以思考一下虚假同感偏差效应给我们带来了哪些启示。我们不能将自己的喜好和标准强加到他人身上，要学会换位思考，求同存异。你能否找到相应的案例呢？

“怎么会有人问
如此没有技术含量的问题？”

过去的我

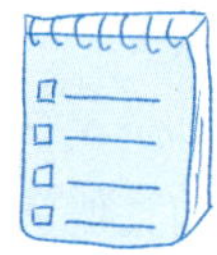

求同存异
征集问题，主动了解读者的疑问

现在的我

几年前，我在网络上分享读书技巧时经常会收到一些读者的私信。在我眼中，他们的问题都很幼稚，根本不值得回答。比如：我应该看哪些课外书呢？看课外书时，必须从头读到尾吗？如何挑选内容质量好的书籍呢？

在当时的我看来，这些问题太没有技术含量了，怎么可能会有人不懂呢？直到有次我将这些问题汇总成一篇答疑文章发表之后，读者的反馈出乎我的意料。文章的阅读量、评论量都很多，很多读者都留言说这篇文章解答了他多年的困惑。我这才知道自己在写作时陷入了作者视角，并没有从读者的角度出发。从那以后，我在写文章时都会仔细研究数据，经常阅读留言和私信，还会发文征集读者的问题，尽可能多地了解读者的想法。

这就是关于降低虚假同感偏差的方法案例。大家在练习举例时可以“贪多”，从不同角度多找几个，多多益善。也可以给自己制定一个小目标，在一天的时间内观察生活，并寻找三个关于某一方面的案例，多坚持一段时间你就能“修炼”出在观察上的高度敏感性。

总之，不管是在学校学到的新知识，还是课外接触到的新概念，我都强烈建议你用“概念讲解+打比方+举例子”的方法将新学的知识点现学现卖，讲给身边的朋友听，或是写成小短文发布到网络上。写完之后要反思一下，自己是否将今日所学的知识点给网友们讲清楚了。不要小瞧网络的力量，你的作品会帮助你吸引更多志同道合的伙伴。发表的文章越多，你表达得越顺畅，文章阅读量越高，这些对你来说都是一种激励，会推动你更加主动地思考和改进。多坚持一段时间，你就能亲眼见证内容输出的魔力！

## 第五节
## 多积累“思考拼图说明书”，锻炼思考的有序性

锻炼思维的有序性，能够在面对问题、处理信息时有条不紊、由浅入深地分析和梳理，避免因思维混乱而造成思考低效，表达无序。练习的方法也很简单，只需“站在巨人的肩膀上”，多多利用前人总结的思维模型梳理信息，时间一长，这些别人总结的思维模型就会变成你的思考习惯，自然而然地为自己所用。

我喜欢将思考模型称为“思考拼图说明书”。大脑在处理信息时最害怕的就是混乱无序。这就好比给你一堆乱七八糟的拼图碎片，让你凭空组合成想要的图片，你肯定会感觉毫无头绪，不知从何下手。但如果你手中有拼图的说明书呢？你只需按照说明书的指示，从一堆混乱的拼图碎片中找到需要的碎片，然后拼接在一起

就可以了。思考模型就相当于一份份拼图说明书，你要做的就是收集不同类型的“思考拼图说明书”，并经常使用“说明书”去“拼图”，用的次数越多就越熟练，这样大脑在接收到复杂信息时就不会陷入惊慌失措了。你可以根据信息的特点快速找到恰当的“说明书”，将繁难复杂的信息迅速整理成次序分明、条理清晰的图案，以供大脑进行下一步处理。

比如SCQA模型、MECE分析法、SWOT分析法、5W1H分析法、SMART法则等，都可以作为我们的“思考拼图说明书”。

以SCQA模型为例。SCQA模型是我在日常生活中使用最多的思考模型，它不仅可以作为日常复习、写作、口头表达的提纲，还可用于解决某个具体问题或项目策划。总之，SCQA模型用处多多，而且容易上手。如果只能推荐一个思考模型的话，我一定会选择这个模型。

S指的是situation（背景），即描述一个具体的情景；C指的是complication（冲突），即在上述描写的情境下要包含一个事与愿违的冲突、矛盾；Q指的是question（问题），即直接点明造成该矛盾冲突的问题是什么；A指的是answer（答案），即给出解决该问题的方法。

还记得那段经典的广告词吗？“得了灰指甲，一个传染俩，问我怎么办，马上用……”这段广告词就是典型的SCQA结构。

“得了灰指甲”是在构建一个情景，“一个传染俩”是在描述一个冲突，“问我怎么办”是根据冲突提出了一个问题，“马上用……”则是给出了一个解决办法。用情景来制造共鸣，用冲突来吸引人，用问题来引起好奇心，用答案来打消疑惑，制造收获感，这样环环相扣，从而成就了一段经典的广告文案。

在我眼里，SCQA模型是思路梳理的利器，平常我在阅读、写作和练习演讲时经常会使用SCQA模型充当我的“思考拼图说明书”，哪怕是面对再复杂的信息，在它的帮助下，都能整理得井井有条。

有一期TED演讲的播放量超过了一千万次，在美国的教育界引起了很大的轰动，这期节目的演讲嘉宾是美国宾夕法尼亚大学心理学副教授安杰拉·达克沃斯，她演讲的主题是：毅力是成功的钥匙。

她是如何循序渐进地表达这个观点的呢？首先构建情景：她在27岁时选择去公立学校当老师，在统计学生的测试成绩时有了新的发现。其次描述冲突：她发现在课堂和测试成绩上有良好表现的孩子在智商上并没有特别的优势，而那些很聪明的孩子反而表现得不尽人意。然后提出问题：她想知道，不同的人在面对挑战时，让他们收获成功的关键因素是什么？最后给出答案：通过她和团队多年的研究发现，毅力是通往成功最关键的因素，其中树立成长型思维是培养坚韧不拔的品质最有效的方法。

当然，在使用SCQA模型时不用刻板地按照S-C-Q-A这一种顺序，CSQA（冲突—情景—问题—答案）、QSCA（问题—情景—冲突—答案）、SQCA（情景—问题—冲突—答案）等都是可以的，你完全可以根据需要自由发挥，灵活组合。

## 第六节　每天来场头脑风暴，主动思考某个现象背后的原理和规律

工作和生活中我们会遇到形形色色的事情，如果是比较典型的，可以多思考其背后的原理与规律，即便无法将其全部透彻地总结出来也没关系，哪怕只分析出了一点点，也是对自身思考能力的锻炼。

举个例子。我生活在一个四线小城镇，当地一直很流行老年养生讲座。有段时间我爸妈对此特别痴迷，一有时间就去听养生课，试用养生器械，甚至试吃保健品。虽然他们每次听课之前都会向我保证肯定不会花钱买保健品，但每次都会食言，经常花好几千块钱买一盒保健品。我爸妈这代人平时节俭惯了，买菜买水果都怕花太多钱，但为何他们会愿意花好几千甚至上万元购买保健品呢？关键

是他们并不觉得自己“上当受骗”了，每次去听课都很积极，生怕迟到。

这个现象非常常见，我们可以试着分析一下其背后的原理。

营销的第一个环节：先吸引目标用户的注意力！

我发现，这些卖保健品、养生器械的商家通常会先送一些小礼品作为见面礼，只要到场听课，讲座结束后就可以免费领取十颗鸡蛋、一袋醋或是一把挂面，等等。这些东西对年轻人来说可能并没有诱惑力，但对节俭过日子的老人来说，那可是吸引力十足。既能免费听养生保健课，免费试用保健器材，还能免费拿小礼品，多划算呀。

难道商家不怕老人只领礼品，不听课吗？当然怕，如果老人不听课，就起不到营销转化的作用了。于是商家为了提高到场率，将领礼品的环节设定在讲座结束之后。要想免费拿到十颗鸡蛋，必须听完整场讲座才行。提高营销转化率最关键的就是建立老人对产品的信任感，而这是急不得的。听一次不行，那就听两次，两次不行，那就听十次。商家还会设定差异化的签到奖品，第一天送鸡蛋，第二天送挂面，第三天送陈醋，坚持到第十天，商家会送一个养生枕头，第二十天时，商家会送一口养生锅。

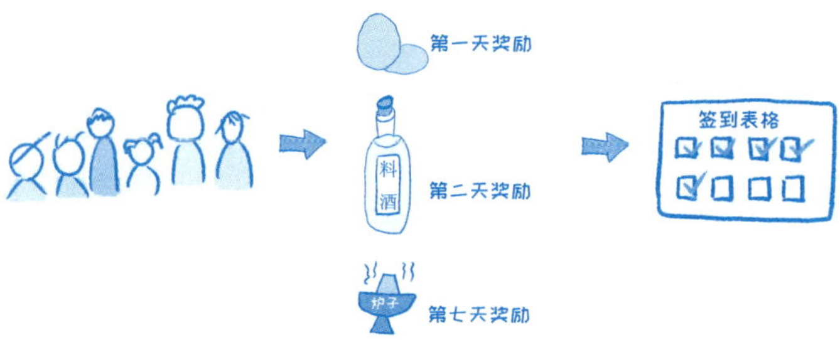


营销的第二个环节：利用奖励，将目标用户留下来！

是不是有一种玩手机游戏时签到拿道具的感觉？人都是有惰性的，尤其是在没有养成习惯让自己每天刻意完成同一件事情时，此时设定回报和奖励是诱导自己主动行动最直接有效的方法。玩新游戏的你在刚开始的几天里热情是最高涨的，时间一长，游戏的吸引力就下降了，但如果放弃，当初心心念念的游戏道具就拿不到了，只能继续坚持下去。老人为了鸡蛋和养生枕头去听讲座也是同样的道理。

利用签到奖励这招可以吸引更多的老人坚持天天到场听课。那么接下来，商家是如何抓住老人的注意力，让他们愿意付费购买的呢？商家肯定不会一上来就大肆宣传自己的高价保健品，那样只会让用户反感。他们刚开始讲解的都是一些养生保健的小知识，让听课的老人有一种收获感，觉得老师讲得很有道理，从而建立起信任。同时他们还会利用“恐吓营销”，老人最关心的就是健康问题，害怕生病，害怕自己因为病痛遭罪，拖累儿女。于是什么病吓人，专家就说什么，老人害怕什么，专家就讲什么。这样一下子就抓住了老人的注意力，吓退了他们的理智。然后再隆重介绍自己的产品，将其夸得天花乱坠，套用几个八竿子打不着的最新科技，再包装几个成功案例，给老人信心和希望。一整套下来，听完整场讲座的老人多多少少都会被洗脑，总有一些人愿意购买产品。

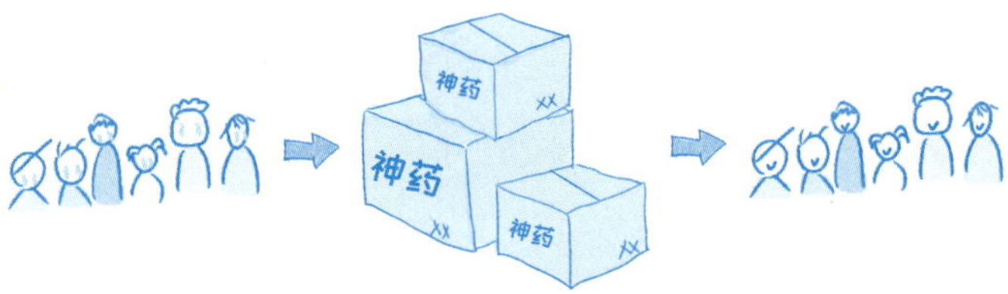


营销的第三个环节：制造焦虑，夸大产品的效果来缓解用户的焦虑

经过这样的分析，我们就不会一味地埋怨不听劝，总是一意孤行花大价钱买高价保健品的父母了。反之，我们完全可以根据前面总结的营销环节见招拆招。

父母想组团去领免费的鸡蛋和面条？你可以跟父母讲清楚这些套路，让他们对这类小恩小惠提高警惕。父母想听养生保健知识？

你可以提前下载好正规的科普视频，给他们投屏到电视上观看。父母执意要花钱买高价保健品？你可以跟父母讲清楚，购买之前多个心眼，先打电话联系自己，待自己通过网络查询等方式确保产品靠谱再买不迟……

那些不良保健品商家的营销套路令人不齿，但我们可以取其精华，去其糟粕，为自己所用。比如，利用“签到得奖励”这招来训练自己的意志力，用正规的营销方法来吸引用户，打造自己的私域流量，等等。这就是分析和总结的妙用。

前段时间我很喜欢看李雪琴的脱口秀，她讲的段子总能逗得大家哈哈大笑，还能让人感到莫名的亲切。为什么李雪琴讲的脱口秀能让人产生共鸣呢？原因在于她讲的段子中，很多素材都来源于生活，虽然都是一些鸡毛蒜皮的小事，但这些事情离观众很近，观众自然会觉得真实、亲切。

比如：小学时班级里有男生追自己，要和自己处对象；坐老板的车，为了讨好老板，给老板点烟，却不小心把座椅后背烫了个窟窿；上学时学鲁迅在桌子上刻“早”字；被妈妈催婚；工作太累，想要辞职却发现没有退路；毕业之后该留在北京还是回老家；打车被司机坑，近路绕成了远路；姥姥说“吃耳屎会变哑巴”……

这些接地气的素材加上她一口东北味的普通话，特别像一个邻家大姐坐在院门口和你唠嗑。无独有偶，很多引起热议的脱口秀段子素材都是来源于普通人的日常生活场景，具有一定的普遍性。

周奇墨吐槽去药店买感冒灵的搞笑经历；House诉说自己在银行当柜员的枯燥工作日常；何广智分享自己上下班在地铁上抢座时的激烈场景……这些描绘普通生活的段子为什么会让大家感觉很有意思呢？因为段子中的素材并没有脱离普通人的生活，当表演者将这些素材用脱口秀的形式表达出来时，观众会觉得这就是自己曾经经历过的事情，一边听一边在脑海中回忆、联想，整个情绪就被调动了起来。

很多从事知识讲解类创作的作者都会习惯于使用一些科学实验方面的案例，这些案例比较严谨，但如果只有这方面的素材，则会让读者觉得是在看教材或是论文，容易有枯燥、乏味的感觉。这就要求创作者在平时多注意观察生活，多收集和使用普通大众的生活案例，这样能拉近创作者和读者之间的距离，让读者一边感同身受，一边有所收获。

前两天我无意中刷到了赵本山和宋丹丹的小品《昨天，今天，明天》，里面有段很经典的台词，赵说："我觉得我们俩现在生活好了，越来越老了，余下的时间也越来越少了，过去论天儿过，现在就应该论秒了。下一步我准备领她出去旅旅游，走一走比较大的城市……去趟铁岭度度蜜月。"

这个段子的笑点就在于"预期违背"。创作者通过前面一系列铺垫，将观众的预期引导到一个方向，最后在揭晓谜底时却给出了一个和观众预期完全不同的答案，通过误解、自嘲、讽刺、荒诞等因素产生喜剧效果。需要注意的是，这种笑料的产生并非仅仅是因为剧情的反转，更是因为整个逻辑线路的合理性，只有通过合理的逻辑结构制造出来的意外，才能引人发笑。

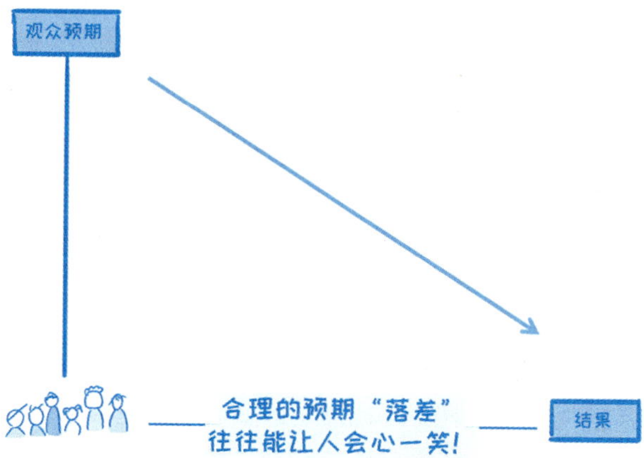


“我觉得我们俩现在生活好了，越来越老了，余下的时间也越来越少了，过去论天儿过，现在就应该论秒了。”这几句话是在描述两人的现状，暗示观众他们岁数大了，需要好好珍惜当下的生活，农民的生活越来越富有，有能力享受更好的生活了，从而提高观众的期待。

“下一步我准备领她出去旅旅游，走一走比较大的城市……”

顺着前面的铺垫，自然就有了想出去看世界的需求，进一步提高观众的期待。两者结合，让观众很好奇他们到底要去哪些大城市呢？北京、上海、广州、三亚还是国外？最终揭晓答案——铁岭。

这和观众的预判完全是两个方向，有一种大喘气的感觉，惹得大家哈哈大笑。但仔细想想，这种预期违背的效果却又很符合他们自身的人设和思考逻辑。黑土大叔和白云大妈都是淳朴的农民，勤劳节俭了一辈子，虽然日子越来越好了，但在他们眼中，铁岭就是大城市。由此可以看出，虽然结果和观众的期待不相符，但剧情最终的走向却是符合逻辑的，是合理的。

你瞧，只要带着主动思考的小目标，即便是听个段子、看个小品也都能学到有用的知识，并为自己所用。如果把这种方法用到文案创作中，可以让你的文章更有读者缘；用在日常沟通中，则可以让你的交流更顺畅，更幽默。

谁说玩的时候就没有办法学习呢？只要懂得引导自己，玩耍时一样能学到东西！只需问几个为什么，然后顺藤摸瓜，一步步引导自己找到有营养的信息。这样做的好处就是娱乐、学习两不误。同样是看一个搞笑的段子、玩一局游戏，别人只是享受了一会儿精神上的愉悦和放松，而你却还能有额外的收获。

瑞·达利欧说："所有一切的运转，都有赖于深藏其中的原则，也就是一串又一串的因果关系决定了这个世界的走向。如果你探索出了其中的因果关系——虽然不可能是全部，但最好是绝大部分——那么你无疑就掌握了打开这个世界藏宝箱的钥匙。”

每天你都会遇到各种事情，不要忽略它们，选择其中一件分析其背后的原理、规律和底层逻辑。自己想不清楚的就在网络中寻找答案，互联网是一个巨大的宝库，有各种能人写的优秀文章、制作的优秀视频。自己独立分析之后可以去看看别人是如何总结的，也能查漏补缺。久而久之你会发现，虽然很多事情从表面上看并不一样，但背后的原理却是一样的。养成这个习惯，对提升自己的思考和探索能力很有好处。总之千万要记住，脑子越用越灵活，不用就真的“生锈”了！

## 第七节　课外书到底该怎么读

读书是输入，写作是输出。但并不是输入量达到一定水平，输出就一定会畅通且有质量，因为中间还有一个很关键的环节，那就是思考。阅读、思考、写作三者不分家，想要提高哪个，都要先“讨好”其他两个，缺了哪一个，效果都会大打折扣。

错误的阅读方式
盲目地跟着作者的思路走
作者说什么就是什么

正确的阅读方式
带着问题分析作者的阐述
和作者“讨论”

很多人平时读了很多内容，但他们在读的时候没有动脑筋，因此知识是没有被吸收的，在这种阅读状态下看再多的书也没用。记住，有效阅读绝不是单纯地比拼阅读量或阅读速度。

如何让自己看一本顶十本，写作水平噌噌往上涨呢？我上学的时候也会买书来看，读得很快，一边读一边还煞有介事地勾勾画画，有时还会将自认为重要的内容摘抄到本子上。因为从小我妈就告诉我："好记性不如烂笔头。"我以为在阅读时勾了重点，写了笔记，就代表自己已经掌握了。可实际上，读完之后知识还是原作者的，我甚至回忆不起这本书到底讲了什么，某个概念到底是什么意思，更别说应用和写作了。当时我只能用"读了至少比不读强"来安慰自己，但说实话，我本人是一点也看不出自己在读了那么多书后比别人强在哪里，除了落了个"××挺爱看书"的名声。可越是给别人留下这样的印象，自己心里越发虚。

参加工作之后，有次我在办公室上网偷懒，无意间翻到一个关于"阅读"的词条，它是这样解释阅读的："阅读是从视觉材料中获取信息的过程。它是一种主动的过程，是理解、领悟、吸收、鉴赏、评价和探究文章的思维过程。"当时我反复读了好几遍，一下子就明白了为什么自己看了这么多年书却没多少收获。因为我的阅读方式永远是被动接收，跟着作者的思路从头到尾读完。看到有道理的句子就画下来，重复念几遍，或是抄写到本子上，这样的读书充其量就是将书本过了一遍，只是知道作者每句话表达的什么意思，仅此而已。

至于由这一句句话组成的文章，由这一篇篇文章组成的整个章节，由这一个个章节组成的整本书呢？我完全是被动接收，从来没有主动思考过：作者在这本书中讲解的核心主题是什么？分成了多少个章节来讲解？每个章节讲解的要点之间又有什么联系？每篇文章的论点是什么，论据是什么？作者又是如何论证的？我读的这些对我有什么用？我能将其运用在什么地方，解决什么问题？

正确的阅读不仅仅是读懂每句话的意思，更要把“读”作为引子，带动自己主动思考、理解、探究、联系和应用，而我只做到了最浅显的那一层。甚至有时我对阅读的每个字都认识，但组合在一起我的大脑就懵了。过去的我只是寄希望于抄笔记、多读几遍等方式强迫自己死记硬背。但当知识脱离了思考和实践，只是单纯地记忆，又有多少意义呢？更何况我也没记住什么呀！当时，我的心里既难过又开心，难过是突然发现自己习惯多年的阅读方式竟然是错的，开心是为隐隐约约发现有效阅读的技巧而庆幸，那种感觉真是复杂极了。

衡量你阅读收获感的方式绝不是书架上摆了多少本书，平时出行带不带Kindle，或是笔记本上抄了多少笔记。要想保证你的阅读效果，让自己的深度思考、写作能力得到提升，你就必须“揭竿起义”，从原来被动、迷茫的跟随式阅读，转变为和作者平起平坐的讨论式阅读。

具体怎么做呢？经过多年的“屡战屡败，屡败屡战”，现在，我终于将有效阅读的技巧总结出来了！

### 一、阅读前的准备工作一定要做到位

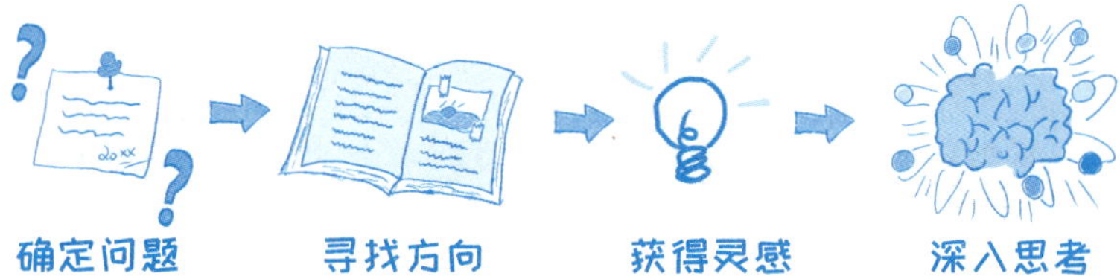


读书是读者和作者间的无声探讨，但在讨论之前你最起码要知道本次讨论的主题是什么，对方阐述的论点、分论点是什么。读书时从没认真看过介绍、序言和目录的小伙伴请举起手来，让我看看都有谁！

举个例子。我在前面提到的《棉花糖实验》这本书，单从封面文案基本就能判断出这本书要讲什么。大致就是通过“棉花糖实验”引出关于自控力的相关研究，然后讲解人在提升自控力方面的方法与技巧。再看看这本书的介绍、目录和序言。千万记住，目录和序言一定要结合起来看。单看目录你很可能会一头雾水，但作者

写的序言一般都会详细概括每个部分要讲解的主要内容，这样你就能快速了解这本书的主题，以及作者分成哪几个部分来讲解的，每个章节下的要点是什么，各个章节之间的关系是什么。

看完之后我得到了以下信息：

（1）什么是棉花糖实验，它揭示了延迟即刻满足能力的重要性。

（2）人脑有两个系统，一冷一热，两者相互作用，正是它们在影响着人在诱惑面前的自控力表现。

（3）作者从三个部分来论述延迟满足这个主题，分别为：①讲解了棉花糖实验，还讲解了由实验得出的一些策略，能起到抵制诱惑、延迟满足、提升自控力的效果；②自控力是如何影响一个人的；③学校、父母应该如何培养孩子延迟满足的能力。

简单地说，就是由棉花糖实验引出了对“自控力是什么”“自控力是如何发挥作用的”“如何培养自控力”的分析和讲解。

对所看的书有大致的了解后，你可以在纸上写下你的问题，然后带着问题去阅读。比如，对于这本书讲解的主题，你有什么疑问吗？有哪些需要解决的问题？有什么期待？

我在读这本书之前就写下了下面这些问题：延迟满足是一直不让自己满足吗？让自己一直处于“欲求不满”的状态中促使自己努力，可这样做会大大降低自己的幸福感，这个尺度又该如何把控呢？当我面对诱惑时，满脑子想的都是如何得到它，以及得到它之后的美妙感受，即便我知道忍一忍可以得到更多，但我就是做不到，在这个过程中，我可以通过做什么来让自己不对诱惑“举手投降”呢？

带着问题阅读，读完之后回顾一下自己的问题是否得到了解答。把这一步做完之后才能正式开始阅读。

### 二、每读完一节，就要当“老师”给“空气学生”上课

高效阅读的关键在于要想方设法调动起自己思考的积极性，让大脑一直处于思考状态中。要想做到这点其实非常简单，依旧是我在前面反复提及的以教为学的方法。把自己想象成老师，每读完一节就“现学现卖”，合上书，强迫自己对着空气讲解一遍。讲解时不要依靠自己的记忆力，而是全凭理解，用自己的话把刚才读到的要点口头重新讲解一遍。其间还可以不断问自己“为什么”，强迫自己去解释。这个过程不仅是在检验你刚才的阅读效果，也是在强迫你思考、解释与表达。

比如我在看完《棉花糖实验》的第一节后就合上书，闭上眼，开始当老师了，给面前的空气上了一课，告诉它们什么是棉花糖实验：

“棉花糖实验就是实验人员去了某个幼儿园，设计了一个游

戏，来观察小朋友们在面对诱惑时，是选择服从诱惑，去拿较小的奖励，还是甘愿等待，拿到更多的奖励。

“大致的规则是：实验人员先准备一些小朋友很喜欢的零食，作为诱惑摆在桌子上。然后让小朋友依次单独进入房间。实验人员告诉小朋友，自己有事要先出去一下，如果他能一直等待自己回来，并且不碰零食，那么他就可以获得双倍的零食奖励，但如果他不想等待，则可以按下桌子上的按铃，这样就只能获得一份零食。在这期间，离开椅子，触碰或是吃掉零食，都无法获得双倍奖励。”

大致讲完了，但这还不够，因为“空气学生”还会向我们提问：“老师，让孩子单独待在房间里，万一有胆子小的怎么办？他们会害怕，所以想要按铃让实验人员快回来，这样他们并不是因为自控力的原因按铃，而是因为胆小或缺乏信任感。”

这个问题提得很好。作者在书中也讲到了，他们设计该实验时会让实验人员先陪小朋友玩耍一段时间，让小朋友对他们熟悉起来。并且在进入房间之后，实验人员会先告诉小朋友，想让他们回来就按铃，然后故意离开，听到小朋友按铃就马上回来，重复几次之后，小朋友就对他们建立起了信任感。

就像我演示的这样，讲解之后可以多提几个问题，如：××是什么意思？为什么会出现这个结果？为了达到某个目的，应该怎么做呢？

在“以教为学”的过程中
每个问题都是引导自己积极思考的好帮手！

学会在阅读中提问是一个非常重要的环节，勇敢地把内心不懂或质疑的问题通通说出来，自己考自己，回答不上来就打开书，看看书中讲了没有，书中没有讲就从网络中寻找答案。当你能做到这一点时，你就不再是作者的“小跟班”，也不再是坐在那里被动地听作者的填鸭式讲解了，而是在主动思考、主动讨论。

**三、阅读之后要使用你学到的知识，不用肯定会忘**

唯有输出才能让你的阅读转换成深度思考，真正从中汲取到营养。最好是文字、行动双输出。

有些小伙伴会在阅读时写读书笔记，但我并不推荐这种做法。我更推荐以问题为导向来确定该篇文章的主题，最后成文，这样，利用一本书可以写成多篇“干货”文章。这样做可以强迫自己从生活中找痛点、找案例，将理论与实践联系起来，成长会非常快。除了之前分享的六环法，还可以使用前面提到的SCQA模型，这些都很好用。

举个例子。读完《棉花糖实验》后我们可以想一想，生活中有哪些类似的情况在困扰着人们呢？比如你家孩子每天放学回家总是第一时间打开电视看动画片，任凭你在身后喊叫，直到你把鸡毛掸子拿出来，他才恋恋不舍地关了电视去写作业。

能否用《棉花糖实验》中所讲解的理论和方法来分析并解决上述问题呢？

孩子每天回到家都面临两个选择。一个是先看电视，另一个是先写作业。先看电视是即刻满足，就好比棉花糖实验中摆在桌子上的那堆零食，伸手就能拿到且吃到。先认真写作业则需要延迟满足，忍受着动画片的诱惑。先把作业完成后再去看电视，这样看得更开心，更踏实，更理直气壮，还可以短暂呈现出一段母慈子孝的场面。而且把学习放到第一位，日后考好了还会有更多的奖励，这就好比棉花糖实验中，小朋友能够强迫自己不看眼前的零食，一直等待实验人员归来，得到双倍奖励的行为。

那么，作为家长该如何引导孩子，帮助孩子在面对诱惑时学会延迟满足呢？书中讲解了很多方法，你都可以套用到这个案例当中。这样一分析，是不是就能利用SCQA模型构思出一篇文章了？

情景（Situation）：孩子放学就看电视，从不主动学习的场景描述。

冲突（Complication）：大道理讲了个遍，软硬兼施，孩子就是做不到先写作业。

问题（Question）：家长应该如何通过正确引导培养孩子的自控力呢？

答案（Answer）：先分析孩子的这种行为，找出症结，然后再给出原理和方法。

提纲都有了，写成一篇文章还会难吗？

内容输出“四部曲”：口头、文字、行动和复盘！

行动上的输出也很重要，将冰冷的知识代入到具体的生活中，才能有更深的感触，才能根据自己的经验对原有的知识进行优化和调整，关于这部分的心得体会也都可以补充到文章当中。

也许会有小伙伴说：“我本来就不怎么爱看书，看完你的方法，我更不想看了！”但我想说的是：“别贪心！读书的收获感和娱乐性永远不可能兼得。”我承认，这样的阅读方法确实不算有趣，甚至很枯燥。可是，在你眼中读书到底是什么呢？是将它当成娱乐吗？如果纯粹是为了娱乐，打发时间，那就不要管什么方法，怎么开心怎么来，也不用管自己能收获多少。但如果你对阅读的收获有要求，就必须放弃娱乐性。有效的阅读必须强迫自己主动思考，在文字和行动上做到双输出。这个过程是比较乏味的，甚至你会遇到一个个问题。但当你写成一篇篇文章，用学到的知识解决了自己生活中的问题，甚至获得经济回报时，你一定会感受到那份迟来的却更有意义的愉悦和满足。

这样看来，阅读也是一场人性的考验。你是选择走马观花式的阅读，纯粹打发时间，靠数量来取悦自己？还是选择耐着性子去“苦读”和输出，将一本书从厚读到薄，再从薄读到厚？

想想小朋友面前的棉花糖与按铃，你的心中是否已经有了答案？

**图书在版编目（CIP）数据**

高效学习，从来都不靠熬 / time刚刚好著. — 西安：陕西科学技术出版社, 2023.1

ISBN 978-7-5369-8386-1

Ⅰ.①高… Ⅱ.①t… Ⅲ.①学习方法 Ⅳ.①G791

中国版本图书馆CIP数据核字（2022）第209262号

**高效学习，从来都不靠熬**

GAOXIAO XUEXI, CONGLAI DOU BUKAO AO

time刚刚好 著

**责任编辑** 郭敬琦 赵泰俪
**策划编辑** 陈 龙
**封面设计** 仙境设计
**内文排版** 麦莫瑞文化

**出 版 者** 陕西科学技术出版社
西安市曲江新区登高路1388号陕西新华出版传媒产业大厦B座
电话（029）81205187 传真（029）81205155 邮编710061
http：//www.snstp.com
**发 行 者** 陕西科学技术出版社
电话（029）81205180 81206809
**印 刷** 天津市新科印刷有限公司
**规 格** 880mm×1230mm 32开本
**版 次** 2023年1月第1版
2023年1月第1次印刷
**印 张** 9
**字 数** 167千字
**书 号** ISBN 978-7-5369-8386-1
**定 价** 52.00元